問いからはじめる
社会運動論

INTRODUCTION TO SOCIAL MOVEMENT STUDIES

著・濱西栄司
鈴木彩加
中根多惠
青木聡子
小杉亮子

有斐閣ストゥディア

はしがき

本書は，社会運動論の基本的な見方，社会学的な考え方を学ぶ教科書です。ある面で身近，ある面では縁遠くも感じられる社会運動について，どうすれば学問的に議論（研究）していくことができるのか。それを伝えるために本書では2点，工夫をしました。

1つ目は，執筆者が自分の研究についてその「はじまり」から語るスタイルで書いている点です。現在，活躍する研究者が，みずからの大学時代，時には小学生時代にまでさかのぼって，いったい，どのようにして問いを思いついたのか。ある事例，あるテーマに関心をもったのか。どのような調査をして，データを集めていったのか。何に悩み，どう解決していったのか。そして何に失敗し，何を得ることができたのか。どう工夫したのか。こうしたことについて，できるだけわかりやすく語っています。

実現したいと考えたのは，アカデミックなトレーニングをまだほとんど受けていない学生でも，研究の苦労やおもしろさを追体験して，そこから学問的な興味・関心を呼び覚ますことで，自分一人でも能動的に，社会運動について学んでいこうと思えるようにすることでした。

従来の教科書は，社会運動についてすでにわかっていることを整理したもの，いわば「答え」（研究のゴール）を中心としているものがほとんどでしたが，本書は，読者が自ら一歩を踏み出し，社会運動について研究を進めようとするときに何をすればよいか，どう考えればよいかということ，つまり「問い」（研究のスタート）のほうを中心に組み立てられているわけです。

工夫の2つ目は，やや専門的なことですが，社会運動に関するさまざまな「問い」を，大きく2つに分けている点です。2つというのは，すなわち，〈ある社会運動が現代社会や歴史にとってどのような重要性（意義）を有しているのか，また当事者にとってどういう意味をもっているのか〉という問いと，〈ある社会運動はなぜ成功／失敗するか，何が原因で発展／衰退するのか〉という問いのことです。

この区別は，世界中の社会運動研究（日本語や英語だけでなくフランス語，ドイツ語，イタリア語などで書かれた社会学，人類学，歴史学，政治学などの研究論文）の分析から導かれたものです（序章）。

大事なことは，この2つの問いが本質的にかなり異なるものであり，それぞれ重視する点や注意すべき点，調査・研究の流れ・手続きがかなり違うということです。従来の教科書は，2つの問いのどちらかしか扱っていなかったり，2つの問いを区別していなかったりしましたが（「答え」中心だったのであまり気にならなかったのでしょう），本書では（「問い」を重視しますので），その2つの問いをしっかりと分けて，**第1部**（**第1～3章**）と**第2部**（**第4～6章**）でそれぞれ扱うようにしました。その結果，従来の教科書よりもかなりスッキリとして，なによりこれから研究をしていこうという人にとって，わかりやすいものになったかなと思います。

以上の2点は，従来の（国内外の）教科書ではみられなかったことで，本書独自のことです。その意味でかなり斬新ですが，冒頭に述べた本書の目標を実現するうえで，よく機能していると思います。

くわえて，本書では，なるべく幅広いテーマの事例，なるべく幅広い調査手法を紹介するようにも努力しました。事例のテーマは，保守・ジェンダーから，外国人の労働，環境・エネルギー問題，国際機関とグローバル化，学生・大学，安全保障と平和にまで及びます。用いられる調査手法も，質問紙（アンケート）調査，インタビュー調査，参与観察，多様な資料の分析，そしてGoogle Mapsやスマートフォン使用のビッグデータを用いた分析などさまざまです。

幅広い事例・手法を紹介するのは，なるべくいろいろな関心をもった人に本書を手に取ってもらいたいからです。同時に社会学の幅広い分野をなるべくカバーするようにして，その結果，「社会学概論」のような授業や各専門分野の授業，また社会調査の授業でも参考書として用いられることがあればよいなとも思っています。社会学は，フランス革命後の混乱のなかで，現状を分析し，次の社会を見据えるための学問として始まりましたので，社会運動に関する議論（研究）は，ながらく「社会学」全体のなかでも重要な位置を占めてきました。本書も，ある種の社会学の教科書・参考書として用いられることがあればと願っています。

序章から順番に読んでいただいてもよいですし，どの章から読み始めても問題なく理解できるようにしていますので，ぜひ目次をながめて「おもしろそう」と思われた章から，気軽に読んでいってください。

2020年5月

著者を代表して

濱西 栄司

著者紹介

濱西　栄司（はまにし　えいじ）　担当：**序章・第3章・第6章**

ノートルダム清心女子大学文学部准教授

京都大学大学院文学研究科社会学専修博士後期課程研究指導認定退学。博士（文学）。

主著に『トゥレーヌ社会学と新しい社会運動理論』2016年，新泉社。

鈴木　彩加（すずき　あやか）　担当：**第1章**

大阪大学人間科学研究科招へい研究員

大阪大学大学院人間科学研究科社会環境学講座博士後期課程修了。博士（人間科学）。

主著に『女性たちの保守運動――右傾化する日本社会のジェンダー』2019年，人文書院。

中根　多惠（なかね　たえ）　担当：**第4章**

愛知県立芸術大学音楽学部准教授

名古屋大学大学院環境学研究科社会環境学専攻博士後期課程単位等認定（満了）。博士（社会学）。

主著に『多国籍ユニオニズムの動員構造と戦略分析』2018年，東信堂。

青木　聡子（あおき　そうこ）　担当：**第5章**

名古屋大学大学院環境学研究科准教授

東北大学大学院文学研究科社会学専修博士後期課程修了。博士（文学）。

主著に『ドイツにおける原子力施設反対運動の展開――環境志向型社会へのイニシアティヴ』2013年，ミネルヴァ書房。

小杉　亮子（こすぎ　りょうこ）　担当：**第2章**

日本学術振興会特別研究員（PD）

東北大学大学院文学研究科社会学専修博士後期課程修了。博士（文学）。

主著に『東大闘争の語り――社会運動の予示と戦略』2018年，新曜社。

目　次

Column 一覧

CHAPTER 序章

社会運動を研究するには？

2019 年 9 月の国際連合本部で開かれた気候行動サミットで，16 歳の女性が，各国の政治家たちに対して，気候変動への対策を本気でとるように，真剣に訴えかけています。彼女を支えるのは，SNS でつながった世界中の若者の声です。

1 はじめに

まず，社会運動についてイメージするところから始めてみましょう。前ページのイラストとあわせて5つの事例をみてください。

A県北部では，城や武家屋敷などの歴史的なまちなみを活かして，地域活性化やまちづくりをしようという取り組みが市民によって自主的になされています。

B県には，特定の仕事へと女性を強引に勧誘する「スカウト」行為を禁止する条例がありませんでした。そこで，女子学生が動き，大学と女性議員が後押しした結果，条例がつくられることになりました。

ある駅のすぐ近くに超高層マンションの建設計画がもちあがりました。すぐそばには保育園があり，市が世界遺産登録をめざす建造物もあります。また，その地下に活断層が通っている可能性も指摘されていました。そこで，住民が署名活動を行い，市に要請した結果，マンションはかなり低層階のものに大幅に変更されたのです。

日本には社会的企業やコミュニティビジネスを支援する法律がないとして，関西と首都圏の市民が協力して，法制化をめざす活動がなされました。関心のある人を広く集めるシンポジウムや，政治家たちへの働きかけがなされました。

これら5つの事例（すべて実際にあったものばかりです）のテーマや担い手は多様にみえますが，どれも人びとが世の中を変えようとする活動で，「社会運動論」の研究対象になるものです。

大学生と社会運動

地域住民やNPO（特定非営利活動）法人による地域活性化・まちづくりの活

動に参加したり，被災地域でのボランティア活動に参加したりする学生はたくさんいますし，川や海をきれいにする環境活動に関わったりする学生も増えています。そういった活動に参加することは，いまの大学生にとっては，ごく当たり前のことになってきているのではないでしょうか。

大学側も，「サービス・ラーニング」や「プロブレム・ベースド・ラーニング（課題解決型学習）」「SDGs／ESD（持続可能な開発目標／持続可能な開発のための教育）」などと関連づけて，そういう機会をたくさん学生に提供するようになっています。各地方自治体（都道府県・市町村）もさまざまな地域課題解決を大学・学生に求めてきています。ボランティア活動をベースにNPO法人を立ち上げたり，それをソーシャル・ビジネスに展開していったりする学生もめずらしくありません。

また法律や議会に関わるような政治的活動に学生が参加することも，以前と比べて増えているようにみえます。自主的に議員インターンシップ（議員事務所で一定期間働く活動）に参加する学生も，全国的にかなり増えていますし，全国的な議員インターンシップのネットワークもできています。とくに選挙権が18歳以上に引き下げられたことで，大学でも，学生の政治参加（投票や選挙啓発キャンペーンへの参加など）を奨励する動きが強くなりました。各地の選挙管理委員会は大学とどんどん連携を強めています。

そしてまた，2011年の東日本大震災以後の原子力発電所・再稼働への反対運動や，安全保障法制への国会前反対集会，大学入試の英語民間試験導入反対集会，政府の気候変動対策への抗議デモなどにも，高校生や大学生が積極的に参加するようになっています。

卒業論文などで，環境問題や社会問題をめぐるボランティア活動や住民グループ，NPO・NGO（非政府組織）の取り組みなど，社会運動論に関わるような研究に取り組む大学生も増えているように感じます（**表序.1** 参照）。

海外の大学と日本の大学

海外（少なくとも北米やヨーロッパ，ラテンアメリカなど）の大学・大学院では社会運動論に関する授業はよくなされています。社会運動論の教科書も数多く出版されています。アメリカやフランスでは高校で社会学を学びますが（日本

CHART 表序.1　濱西ゼミの卒業論文

2017 年度（全 8 名）
- ダム建設反対運動と受益・受苦圏の関係性――苫田ダムと湯原ダムを比較して
- インバウンド観光に向けた政府の取り組みと住民ボランティア――倉敷善意通訳会を事例に
- 倉敷チボリ公園反対運動における反対理由と「状況の定義」――団体全体と参加者個人の関係性
- 瀬戸大橋建設に対する島民の行動と現状認識――橋脚の島（与島・岩黒島・櫃石島）における聞き取り調査を中心に
- 大学の独自奨学金制度と理念の関係性――私立 2 大学の比較を中心に
- ハンセン病療養所の保存へ向けた取り組み――長島愛生園を事例に
- 国際災害緊急医療 NGO における活動の発展と資源――AMDA を事例に
- 行政と NPO の協働事業における地域差――岡山市と浅口市を中心に

2018 年度（全 8 名）
- 地方行政における女性管理職推進の取り組みと位置付け――岡山県・市担当課・センターを事例に
- 労働組合と「恐怖心」――オリエンタルランド・ユニオンを事例に
- 地域猫活動の「開かれた」側面に関する分析――NPO 法人 A を事例に
- 遺品整理における遺品と遺族の関係性――高齢遺族への聞き取り調査を通して
- 軍事環境問題と被害者運動の困難さ――大久野島毒ガス等歴史研究所を事例に
- リニア中央新幹線建設をめぐる要望と沿線住民の取り組み――環境影響評価準備書の分析とインタビュー調査をもとに
- 歴史的町並みとその保全に対する思い――矢掛町役場・地域おこし協力隊への聞き取り調査を通して
- バックラッシュに対する行政の認識と対応――A 市の男女共同参画関連 B 課及びセンターを事例に

では「公民」「現代社会」などの授業しかありませんが），高校生向けの社会学教科書にも「社会運動」が出てきますし，大学で読む社会学の教科書には「社会運動論」が当然のごとく含まれています。

大学に「社会運動研究センター」が設置されているような例もありますし（アメリカのノートルダム大学の例が有名で，『動員』（*Mobilization*）という世界的に有名な社会運動研究の学術誌も刊行していました），また大学付属のセンターが「社会を変えること」を目的として打ち出している場合もあります（アメリカを代表する女子大学であるウェルズリー大学の「女性センター」など）。

こうした国々では，大学生や中高生（ときには小学生）の政治参加が日本よりも盛んですし，高校生や大学生が社会運動に関わったり，自ら社会運動を立ち上げたりすることも全然めずらしくありません（そこからソーシャル・ビジネス，ソーシャル・ベンチャーが生まれることもよくあります)。そのため，当たり前の日常的な現象として社会運動に関心をもち，研究しようとする大学生・大学院生はかなり多いようです（とくに女性)。

日本の大学にも，「社会運動論」という授業はありますし，「NPO 論」「NGO 論」「市民社会論」「社会的企業論」「社会集団論」「社会組織論」「ボランティア論」「政治過程論」「政治社会学」などの授業が，社会運動論の代わりをしていたりしています。

また，「環境社会学」や「福祉社会学」「労働社会学」「地域社会学」「都市社会学」「ジェンダー論」「社会問題論」「社会変動論」「現代社会論」などの授業で，社会運動（論）が取り上げられることは少なくありません。たとえば「環境社会学」では，環境破壊への抗議運動やエコロジーの活動は非常に重要な研究対象です。「福祉社会学」においても，社会福祉を求める運動，社会事業運動，福祉 NPO など，社会運動論で扱うような事例がたくさん登場してきます——なぜそうなるかは少しあとで説明しますね。

それゆえ，日本の大学生も，いろいろな授業のなかでじつは社会運動（論）について少しずつ学んでいるといえますし，そのことが卒業論文などで社会運動を取り上げる傾向につながっているのかもしれません。本書はそのような傾向をさらにプッシュしたいなと思っています。そのために，第 2 節では，まず社会学という学問全体のなかでの社会運動論の位置づけについて概要を説明したいと思います。

2 社会学と社会運動論

社会学の各分野

「社会学」にはいろいろな分野があります。分野を分ける方法にはいくつかあります。

代表的な区分は，**領域（area）による区分**です（図序.1)。社会を，政治，経済，教育，環境などの領域に分け，それに応じて社会学も，政治社会学，経済

CHART 図序.1 領域による区分

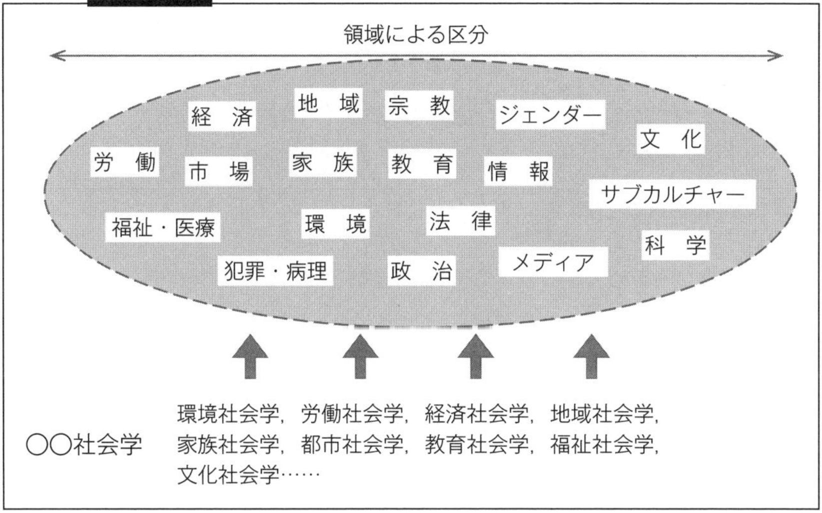

CHART 図序.2 水準による区分

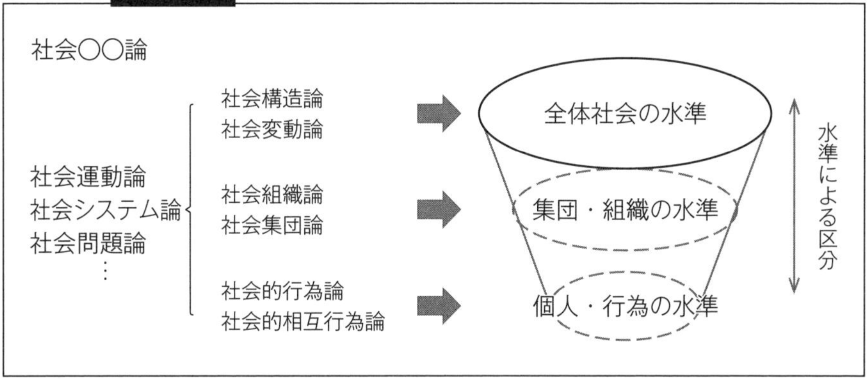

社会学，地域社会学，教育社会学，環境社会学などに区分する方法です。分野名はたいてい「○○社会学」になります。それぞれの「○○社会学」は，〈領域はいずれか1つに限定されますが，後述するマクロ・メゾ・ミクロすべての水準の現象を対象とする〉わけです。

もう1つの代表的な区分は，**水準**（**level**）**による区分**です（図序.2）。社会を，個人・行為の水準（ミクロ），集団・組織の水準（メゾ），全体社会の水準（マクロ）に分け，それに応じて社会学も社会的行為論・社会的相互行為論から社会集団論・社会組織論，そして社会構造論・社会変動論などに区分するわけです。分野名は，たいてい社会構造論や社会組織論など「社会○○論」となります。それぞれの「社会○○論」は，〈水準はいずれか1つに限定されますが，家族，地域，国際，環境など，すべての領域の現象を対象とする〉わけです。

社会運動論の位置づけ

そのうえで，各水準を接続する分野として，社会システム論や社会問題論，そして社会運動論などが位置づけられます。なかでも社会運動論は，かなりダイナミックなかたちで各水準を接続します。社会運動によって国家体制や社会が大きく変化したり（民主化，独裁化，社会主義化なども含め），制度や法律，条例が大きく変わったりします。また，社会運動のなかには，〈現状を変えたい〉という個々人の強い思い，不満や苦しみ，差別，不平等，そして多くの人たちの連帯と協力，対立とがみえてくるからです。

他方で，社会運動論は，すべての領域の現象を対象とする社会○○論の1つであり，本書の事例も保守・女性から，外国人の労働，環境・エネルギー問題，国際機関とグローバル化，学生・大学，安全保障と平和にまで及びます。それゆえ本書を通じて社会運動論について学ぶことは，各水準の社会学だけでなく，各領域の社会学の学びにも役立つはずなのです。

3　2つの社会運動論

資源動員論と「新しい社会運動」論

次に，社会運動論の中身について，私自身の経験をまじえつつ，説明していきましょう。

「はしがき」でも述べたように，本書では，社会運動に対する問いを2つ（①「なんの意義・意味があるの？」，②「なぜ成功／失敗，発展／衰退するの？」）に分けています。それぞれの問いごとに社会運動論を整理したほうがシンプルにその内容を紹介することができるからです。

私が学部・大学院生の頃，日本における社会運動論の主流は，資源動員論とよばれる理論でした。1970 年代からアメリカでかなり力をもつようになった理論で，もともとは〈不満や構造の変化と社会運動の発生・発展・衰退とのあいだに，動員のプロセス（中心的な運動グループがいろいろな資源〔資金や人材〕を戦略的に収集・活用するプロセス）を挟むことで，より説得力のある説明をめざすアプローチ〉として登場してきました。1980 年代半ばに日本にも輸入され，1990〜2000 年代には資源動員論を中心とした研究書や教科書も日本語で出版されるようになりました。私が大学院生の頃には，明確に社会運動論の主流となっていたのです。

当時，資源動員論のライバルとされていたのが，「新しい社会運動」論とよばれるものでした。その言葉は，環境運動や女性運動を，労働運動に代わる「新しい社会運動」として捉える（あるいは捉えてよいか自体を検討する）ようなヨーロッパの研究者たちの研究全般をざっくりと指していました。

私は，当時，「新しい社会運動」論者の 1 人とみなされていたアラン・トゥレーヌの理論（第 **3** 章で述べます）について研究をしていましたので，否応なく資源動員論との関係についても考えなくてはいけなくなったのでした。

2つの理論は何が違うのか

資源動員論と「新しい社会運動」論。2 つの理論の違いについては，1980 年代に世界的にいろいろと議論がなされました。しかし，議論は決着せず，その後も数多くの研究がなされ，理論の修正もたびたびなされていました。そこで私は，あらためて国内外の社会運動研究論文・研究書を集めて網羅的に検討し，社会運動研究全体を再整理しようと思ったのです。

私が注目したのは，各研究がどのような研究課題（問い）に取り組んでいるかという点でした。検討の結果，みえてきたことは，既存の社会運動研究は，①社会運動の有する意義や意味に関する研究と，②社会運動をめぐる因果関係に関する研究に大別できるということでした（図序.3）。①社会運動の有する意義や意味に関する研究というのは，ある運動が現代社会や世界，歴史にとっていかなる意義を有するのか，あるいは当事者にとってどういう意味を有するのかという問いに取り組む研究のことです。次に，②社会運動をめぐる因果関

CHART 図序.3 2つの社会運動研究と2つの問い

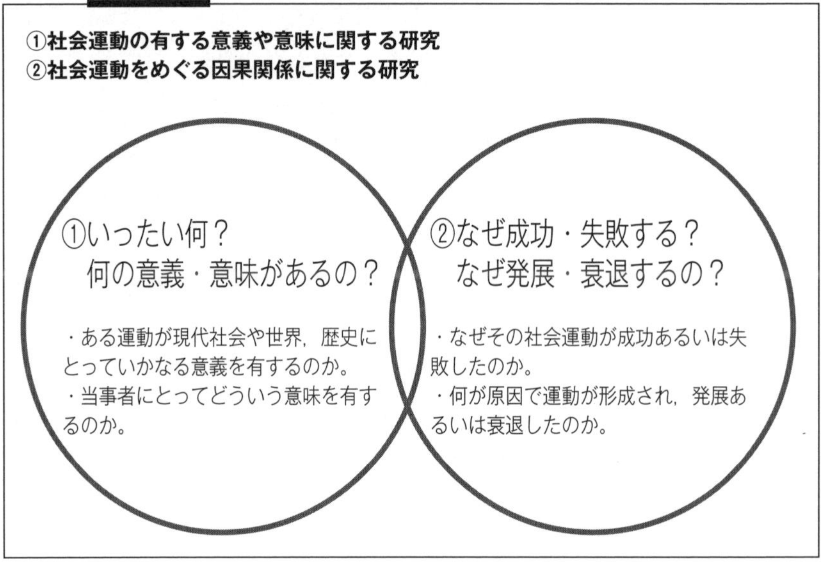
①社会運動の有する意義や意味に関する研究
②社会運動をめぐる因果関係に関する研究
①いったい何？
何の意義・意味があるの？
・ある運動が現代社会や世界，歴史にとっていかなる意義を有するのか。
・当事者にとってどういう意味を有するのか。
②なぜ成功・失敗する？
なぜ発展・衰退するの？
・なぜその社会運動が成功あるいは失敗したのか。
・何が原因で運動が形成され，発展あるいは衰退したのか。

係に関する研究というのは，なぜその社会運動が成功あるいは失敗したのか，また何が原因で運動が形成され，発展あるいは衰退したのかという問いに取り組む研究のことです。そして，①社会運動の意義や意味に関する研究の一例として，「新しい社会運動」論があり，また②社会運動をめぐる因果関係に関する研究の一例として資源動員論がある，ということがみえてきたのでした。

文学や歴史学などの人文諸科学において，意味や意義は重要なテーマです。文学では，ある小説作品の著者にとっての意味が探究されます。歴史学では，ある事件の歴史的な意義が分析されます。

反対に自然科学では，因果関係（原因と結果の関係）こそ中心的な研究対象です。たとえば天文学や生物学では，太陽の動きや細胞分裂の原因が説明されるわけです。

では社会学をはじめとする社会科学はどうかというと，意義・意味の研究も因果関係の研究もどちらも行います。実際，社会学のなかには，因果関係の研究も，意義・意味の研究も，どちらもまっとうな研究として位置づけられています。少子化のメカニズムを説明することは必要ですし，その少子化が現代社会に，個々の家族に，いかなる意義や意味をもつのかを解釈することも重要なのです。

社会運動論においても，運動のもつ意義や意味は非常に重要なテーマですし，その成否や盛衰のメカニズムもまた重要な研究課題だといえます。2つの研究における関心の違いをしっかりと認識してこそ，互いの成果を活用しあうことも可能になります。本書で，2つの研究関心を第**1**部と第**2**部にきっちりと分けて紹介するのはそのためです。

4 本書の構成

本書では，各章の執筆者の取り組んだ社会運動に関する研究の内容を紹介しながら，社会運動論の研究の具体的な方法や捉え方を説明していきます。その方針に対応させてみると，2つの研究は，それぞれもう少し細かく分けることができそうです。

社会運動の有する意義や意味：3つの研究

まず，①社会運動の有する意義や意味に関する研究は，世界中に膨大な数存在していますが，意義・意味を解釈する際の視座に応じて，3つほどに区別できます（表序.2）。

1つ目は，(a)運動の現代社会や世界にとっての意義，歴史的な意義を解釈する研究。2つ目は，(b)運動の当事者にとっての意味を解釈する研究です。最後に，(c)運動が既存の概念・カテゴリーにどうあてはまるかを解釈する研究です。

CHART 表序.2 意義や意味に関する研究の3つの区別

(a) **運動の現代社会や世界にとっての意義，歴史的な意義を解釈する研究**
……現代社会や世界にとって，歴史的にみて，どういう意義があるのかという問い

(b) **運動の当事者にとっての意味を解釈する研究**
……その運動に参加している人たち自身にとってどういう意味があるのかという問い

(c) **運動が既存の概念・カテゴリーにどうあてはまるかを解釈する研究**
……すでに存在している概念やカテゴリー（たとえば「女性運動」「反原子力運動」「極右運動」など）にどこまでどうあてはまるのかという問い

たとえば「新しい社会運動」論の諸研究は(a)がメインですが，ただトゥレーヌのように，(a)だけでなく(b)も考慮に入れて解釈するような研究もみられます。また(b)は，たとえば差別や迫害を受けている人びとやマイノリティに関する運動の研究で非常によくみられ，ときに社会運動論ではなく社会問題論の研究とみなされている場合もあります。

本書の第**1**章は(c)の研究，第**2**章は(a)と(b)の両方に関わる研究，第**3**章は(a)の研究に，それぞれ対応をしています。

社会運動をめぐる因果関係：2つの研究

次に，②社会運動をめぐる因果関係に関する研究は，2つに分けられそうです。

1つ目は，(d)社会運動の盛衰・成否を組織論的に説明する研究です。2つ目は，(e)社会運動による抗議行動の展開を多角的に説明する研究です（**表序.3**）。

たとえば資源動員論にもとづく諸研究は，(d)に入ります。現在，社会運動論の主流はまさにそのような組織論的な説明をめざす研究です。他方，(e)についてはまだあまり研究がなされていません。ただ，近年の運動の群衆化などをふまえ，また未来の超監視社会を見据えて，本書では運動組織よりも抗議行動そのものに焦点をあてた研究を，実験的に取り上げてみようと思います。

本書の第**4**・**5**章はどちらも(d)の研究にあてています。第**6**章が(e)に対応します。

各章の流れ

本書独自の特徴の1つは，執筆者が自分の経験から語ることです。

各章には，執筆者が，社会運動に関心をもったきっかけや失敗談も書かれています。失敗したらダメという不安に対して，こうリカバリーができるということがわかると安心したり，元気が出たりすることもあるかもしれません。現地調査への不安も工夫も，先輩たちが語ってくれています。

どの章もまずは，第**1**節「研究のきっかけ」から始まります。そのテーマ・事例に関心をもった「きっかけ」がわかりやすく語られます。第**2**節で「事例の紹介」がされ，次に第**3**節「何を知りたいか（研究課題：その論文で具体的に

CHART 表序.3 因果関係に関する研究の２つの区別

(d) **社会運動の盛衰・成否を組織論的に説明する研究**
……たとえば社会運動をけん引する組織の戦略や活動が，運動の盛衰や成否にどう影響を与えているのかという問い

(e) **社会運動による抗議行動の展開を多角的に説明する研究**
……たとえばグループ（組織）や物理的・社会的環境，テクノロジーがデモや集会などの抗議行動の展開にどう影響を与えているのかという問い

何を明らかにするのか）」がきます。研究課題は第**1**～**3**章では意義・意味に関する問いに，第**4**～**6**章では因果関係についての問いになります。

そのうえで，第4節「データとその集め方」と第5節「分析の仕方」が具体的に語られます。用いられる調査手法は，質問紙（アンケート）調査，インタビュー調査，参与観察，多様な資料の分析，そしてGoogle Mapsやスマートフォン使用のビッグデータを用いた分析などさまざまです。最後に第6節「課題や限界，注意点，悩み」がきます。どの章にも，3段階の「Exercise」をおいて，自学習やアクティブラーニングに役立てられるようにしています。

どの章から読み始めても問題なく理解できるようにしています。それぞれ事例は，第**1**章が女性の保守運動，第**2**章が学生運動，第**3**章がサミットをめぐる運動，第**4**章が外国人中心の労働組合，第**5**章がドイツの原子力施設反対運動，そして第**6**章がグローバル化や安全保障をめぐる抗議のデモや集会です。

ぜひ目次をながめて，問いや事例が「おもしろそう」と思われた章から，気軽に読んでいってください。

第 1 部

社会運動っていったい何？

意義・意味の観点から

PART 1

CHAPTER

第1章

これは何にあてはまるのか？

女性の保守運動から

1 研究のきっかけとなった２つの出会い

ジェンダー論との出会い

大学で受けた授業のなかで一番印象に残っているものは何かと尋ねられたら，私は真っ先に「ジェンダー論」と答えます。当時は「ジェンダー」という言葉の意味もわからないまま，たんにシラバスを見ておもしろそうだと思ったことがきっかけで履修しました。

大学を卒業してだいぶ月日が経ちましたが，「ジェンダー論」に初めてふれたときの衝撃はいまでもよく覚えています。思い返せば，私は幼い頃から女性としてこの社会で生きることの「生きづらさ」のようなものをたくさん経験してきました。小学生の頃，通学路で痴漢や不審者によく遭いました。そのたびに学校へ行くルートを変えて遠回りをしたり，被害に遭った道をどうしても通らなければならないときは周囲を警戒しながら，人通りのある大きな道まで早歩きをしました。中学生の頃，クラスに友人たちから頼りにされている人気者の女の子がいました。学級委員長を決めるとき，誰もがその子になるだろうと思っていましたが，彼女は学級委員長にはなれませんでした。担任の先生が「男子が学級委員長になったほうがクラスがまとまる」という考えをもっていたためです。

「ジェンダー論」の授業は，私が漠然と抱いてきたこのような女性としての「生きづらさ」を表現するための言葉を与えてくれるものでした。自分と同じような経験や思いをしている人が他にもたくさんいて，それが不愉快だけれども一瞬我慢すれば過ぎ去っていくような，日常生活のなかのささいなできごとなどではなく，学問として考え取り上げる対象になっていることにとても感銘を受けました。

その後，私はジェンダー論をより広く深く学べるゼミを選びました。ゼミでは文献講読や個人研究の発表が中心でしたが，ゼミが終わったら先生やゼミ仲間と一緒にご飯を食べたりお茶をしたりしながら社会問題や政治問題をジェン

Column ① ジェンダー

性別はどのようにして決められるのでしょうか。日本では通常，人が生まれたときに医師が外性器の形状を基準にして性別が決められます。しかし，私たちは日常的に人の性別を判断する際に，外性器の形状をいちいち確認したりはしませんし，そうすることはできません。その代わりに，胸の膨らみやヒゲの有無，背の高さ，腕や足の肉付き，声の高さや，髪型，服装，話し方などを観察して，その人の性別を推測しています。

このように，性別は何か１つの絶対的な基準にもとづいて決められているわけではありません。私たちは普段，さまざまな要素からある人の性別を判断しています。外性器の形状をはじめとした身体的な性別のことをセックス（sex），髪型や服装，話し方などの必ずしも身体的な差異にもとづいていない，社会的・文化的な性別のことをジェンダー（gender）といいます。「ジェンダー論」とは，社会的・文化的な性別がどのようにして構築され，それらが現実の社会のなかでどのように人に対して作用しているかを研究する学問分野です。

ダーの視点から議論したり，日常生活のなかで女性であるがゆえに経験した嫌なことや腹が立つことを話し合ったり，ときには皆で冗談にして笑い飛ばしたりして過ごしていました。

研究テーマとの出会い

そうした先生・ゼミ仲間との雑談のなかで私は，日本の女性政策の指針を定めた男女共同参画社会基本法という法律が制定されたこと（1999年制定・施行），しかし，その制定後に基本法やフェミニズムに対して大きな反発や批判が生じたことを知るようになります。基本法に対するそうした反発や批判は，「バックラッシュ」と呼ばれています。

女性としての「生きづらさ」を抱えていた私は，男女平等な社会をめざしていくための政府による取り組みは，当時は単純に「よいこと」だと思っていました。そのため，なぜ反対する人がいるのか，そういう人は女性の地位向上に批判的ないわゆる「保守的」な高齢の男性なのではないかと最初は思いました。しかし，「バックラッシュ」について書かれた論文や書籍を読んでいくうちに，女性のなかにも反対している人がいるらしいということを知りました。本当に反対している女性はいるのだろうか。いるならば，どういう人たちが，どういう理由で反対しているのだろうか。私は大学院に進学するにあたって，このテーマに取り組むことを選び，今日にいたります。

2 男女共同参画へのバックラッシュ

男女共同参画社会とは

本章では，1999 年に制定された男女共同参画社会基本法（以下，基本法）と，この法律にもとづいて実施されている国と地方自治体による政策をまとめて「男女共同参画」と呼ぶことにします。

もともと，日本の女性政策は，労働・保健・教育など分野ごとに管轄する省庁が異なり，それぞれの省庁で独自に取り組みが進められてきました。国全体としてどのような方針で進めていくのかを決める法律もありませんでした。日本の場合，男女平等を直接定めているのは憲法第 14 条（法の下の平等）および第 24 条（家族関係における個人の尊厳と両性の平等）となりますが，憲法では男女平等を具体的にどのようにして実現していくのか，何をもって男女平等とするのかまでは言及されていません。

男女共同参画社会基本法は，まだまだ不十分な点があるとはいえ，日本の女性運動が長いあいだ取り組んできたことの成果が反映された法律といえます。それまで省庁ごとにバラバラに取り組まれてきた女性政策を一本化したという点に特徴があります。基本法を制定するまでには女性運動団体や女性政治家，国の審議会委員などに就いた民間人女性など，多くの女性たちの働きかけがありました（鈴木ほか 2014）。

それでは，「男女共同参画社会」として基本法ではどのような社会をめざしているのでしょうか。基本法の第 2 条では，「男女共同参画社会」を次のように定めています。

男女が，社会の対等な構成員として，自らの意思によって社会のあらゆる分野における活動に参画する機会が確保され，もって男女が均等に政治的，経済的，社会的及び文化的利益を享受することができ，かつ，共に責任を担うべき社会

簡潔にいえば，男性も女性も，その性別によらず社会参加する機会が得られる社会を「男女共同参画社会」としているのです。

基本法が制定されたことを受けて，男女共同参画社会の実現へ向けた具体的な取り組みを提示した「行動計画」がつくられるようになりました。また，国だけではなく都道府県や市区町村といった地方自治体でも，条例の名称は自治体によって多少異なるものの，男女共同参画条例が制定されるようになりました。

バックラッシュ（反動）

日本でもようやく男女平等な社会へ向けた総合的な政策が始められようとしていた2000年頃から，基本法に反対する動きが全国的にみられるようになりました。そうした反発は，国の政策だけではなく地方自治体の施策や，基本法の思想的な基盤とされるフェミニズムおよびフェミニズム運動にも向けられるようになりました。

一般的に政府や地方自治体がなんらかの政策を実施する際に，それに対する反対運動が起きることがあります。しかしこの当時，男女共同参画へ向けられた反発は「反対運動」とは呼ばれずに，「バックラッシュ」と呼ばれていました。

バックラッシュ（backlash）とは，「反動」や「揺り戻し」を意味する言葉ですが，ここではとくに女性政策の進展やフェミニズム運動の成果に対する逆風という意味で用いています。こうした言葉の使い方を初めて提案したのは，スーザン・ファルーディというアメリカのジャーナリストでした（Faludi 1991=1994）。アメリカでは1960年代に第2波フェミニズム運動（後述します）が登場し，女性の社会進出が進んでいきました。それまでアメリカの女性たちの多くは，結婚したら専業主婦となり家庭で家事や育児に専念するという生き

方をしていましたが，結婚後も仕事を継続し，男性と同じように働くようになったのです。しかし，1980年代にレーガン政権が誕生すると，第2波フェミニズム運動によって女性たちが勝ち取ってきたものに対して逆風が吹くようになります。女性を家庭に回帰させるような家族主義的政策が進められるようになったのです。

くわえて，こうした傾向は政治だけではなく文化の領域でもみられるようになりました。映画やテレビ・小説といった娯楽メディアにおいて，働く女性は精神病を患いヒステリーを抱えた女性である，というように，ネガティブなイメージで描かれるようになったのです。誰かが意図的にキャンペーンを仕掛けているわけではないけれども，フェミニズム運動が獲得してきたものを後退させようとする政治・社会・文化的現象を，ファルーディは「バックラッシュ」と名づけたのでした。

日本で男女共同参画への反対が「反対運動」ではなく「バックラッシュ」と呼ばれていた理由は，アメリカの場合と同様に，誰が・どこで・何をしているのかはわからないものの，政府や自治体が進めようとしている男女共同参画政策を押し戻そうとする大きなうねりが生じているという感覚が，研究者やフェミニズム運動のなかにあったためだと考えられます。2000年代に入ると，一部の論壇誌や新聞紙上で，男女共同参画社会基本法は「男らしさ・女らしさをなくそうとしている」「家族崩壊につながる」「ひな祭りや鯉のぼりなどの日本の伝統文化を否定するものだ」とする記事が現れ，急増していきました（伊藤2003）。なかには非難に近いものや，虚偽や誤解にもとづいたものまで含まれていたほどでした。また，これから男女共同参画条例を制定しようとしていた自治体では，その地域で長年，男女平等へ向けた取り組みを行っていた人たちですら聞いたこともなく，誰がやっているのかもわからない市民グループが突然現れ，地方議員も巻き込んだ反対運動をするようになりました。その結果，男女共同参画条例がいまだに制定されていないという自治体もあります。すでに条例が定められていた地域では，条例の運用方法に制限をかけるような請願が地方議会に提出され，実際に採択した自治体もあります。

こうした日本版バックラッシュは2006年頃まで続き，その後，収束していきました。バックラッシュが収束していった理由としてはいくつか考えられますが，一番の要因として，政府見解を後退させたことがあげられます。2005年に公表された「第二次男女共同参画基本計画」では，「『ジェンダー・フリー』という用語を使用して，性差を否定したり」「家族やひな祭り等の伝統文化を否定することは，国民が求める男女共同参画社会とは異なる」という注釈が新たに付け加えられました。このことは，男女共同参画に反対する人たちが訴えてきた主張の一部を，政府が正式に受け入れたことを意味しています。日本版バックラッシュは一定の成果を収めることができたのです。

3 なぜ女性が“男女平等”に反対するのか？

バックラッシュを担う女性たち

先にも少しお話ししたように，男女共同参画政策に反対する人たちのなかには女性も少なくはないことが，さまざまな研究において次第に指摘されるようになり，そうした女性たちの存在を私は不思議に思うようになりました。女性としての「生きづらさ」を見聞きし，また自分自身も経験してきた私にとって，女性も男性も，職場や家庭，地域社会に参加することができる男女共同参画社会を実現することは，単純に「よいこと」だと当時の私は思っていたからです。

基本法が制定されてから，地方自治体でも男女共同参画条例が制定されるようになりましたが，そうした地方でも条例制定反対の立場から活動する女性市民グループがいるということが指摘されていました。たとえば，山口県宇部市では「やまぐち女性フォーラム宇部」や「男女共同参画を考える宇部女性の会」といったように，「女性」の名を冠した市民団体が積極的に活動していたといわれています。そして，これらの女性たちは，主婦であると考えられてきました。

基本法が制定された1999年は，日本の家族のあり方に変化がみられるようになった時期でもあります。いまでこそ共働き世帯のほうが多数派となっていますが，夫が働き，妻は専業主婦として家庭内の家事・育児・介護に専念するという性別役割分業にもとづいた家族が，一般的な家族のあり方でした。この

CHART 図 1.1 共働き世帯数と専業主婦世帯数の推移

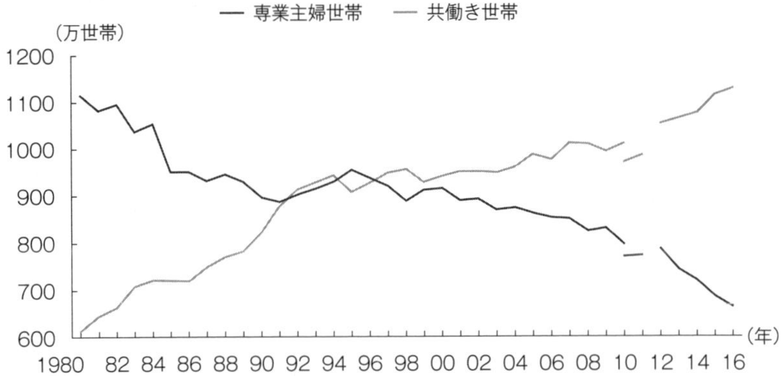

（注） 2010 年および 2011 年の値は岩手県，宮城県および福島県をのぞく全国の値。
（出所） 内閣府「平成 29 年版 少子化社会対策白書」より作成。

専業主婦世帯と共働き世帯の数が逆転したのが，1990 年代という時期だったのです（図 1.1）。男女共同参画に反対する女性は，女性の就労継続が「当たり前」と考える人たちが多くなったことで専業主婦としての自分が否定されているように感じており，それゆえに基本法に反発しているのだと考えられていました（江原 2007；伊田 2006）。

私の問題意識

いまでこそ，愛国心を掲げる市民団体を扱った研究やルポルタージュはいくつか出版されていますが（樋口直人 2014；安田 2012 など），私が研究を始めた 2000 年代後半はその数は限られていました。行政を動かすほどの反対運動を誰が担っているのか，どういう人たちなのか，その人たちはどのような考えのもとに男女共同参画に反対しているのか。このような数々の疑問に対して，調査やデータにもとづいて明らかにしようとした研究はありませんでした。

くわえて，女性が男女共同参画に反対するという現象はいったい何なのか，どのような意味を見出すことができるのかということに，私は強い関心をもちました。同じ「女性」であるにもかかわらず，彼女たちと私の違いはなぜ生じるのか。「女性」である私が望ましいと思った未来の社会は，彼女たちにとっては望ましいものではないのか。それ以前の問題として，男女共同参画に反対

Column ② 性別役割分業

人は男性か女性かのいずれかに分けられ，男性と女性は性別が異なるため社会から期待される役割も異なる，という考え方を性別役割分業といいます。性別役割分業の典型的な例は，夫は外で働いて稼ぎ，妻は家のなかで家事や育児・介護を行うという，夫婦間の性別役割分業です。

こうした性別役割分業は，夫婦間だけでなく社会のいたるところでみられます。レストランでは接客は女性が行い，調理あるいはお店の経営は男性が行う。会社でのお茶汲みは女性だけが担当する。保育士や介護労働者など，子ども・高齢者の世話を主とする業種は女性比率が高い，など。男女で適した役割があるという固定観念は，男女間の格差を助長し維持しています。

している女性は本当に存在しているのだろうか。

このようにしてわいてきた数々の疑問に対して一度に答えることはできないので，私はより小さな問いを立て，次のような順番で考えていくことにしました。第 1 に，男女共同参画へのバックラッシュにおいて，「誰が，何を主張していたのか」。第 2 に，男女共同参画へのバックラッシュにおいて，「誰が，どのような行動を起こしていたのか」。これらの小さな問いに答えていくなかで，大きな問いである「男女共同参画に女性が反対することにはどのような意味があるのか」を考えていくことにしました。

4 雑誌記事等の収集とインタビュー調査

上記の 2 つの小さな問いを明らかにするために，私は以下のようなデータを収集・分析しました。

誰が，何を主張していたのか

第 1 の問い「誰が，何を主張していたのか」については，雑誌や運動団体の機関紙・会報の記事分析を行いました。彼女たち／彼らが，どのような理由や論理で男女共同参画を批判しているのかを明らかにするためです。

人の意識や考えを知るための調査方法として，質問紙調査やインタビュー調査などがあります。私がこれらの調査方法をとらなかったのには次のような理由があります。まず，質問紙調査の場合は調査対象者の数が多いほうがより正確な分析結果になりますが，男女共同参画へのバックラッシュを誰が担っているのかがそもそも当時はわかっておらず，また，十分な結果を出せるほどの人数の協力を得ることは難しいことが予想されたため，この調査方法は採用しませんでした。他方で，インタビュー調査は質問紙調査よりも時間や費用，実現可能性などの面で望ましい調査方法ではありました。しかし，インタビュー調査は調査対象者にも時間や手間などの負担がかかる調査方法です。何も知らないままインタビューをして，いざ分析してみようとなると必要な話が聞けていなかった，ということになれば，研究が進まないだけでなく協力してくださった方にも迷惑をかけることになります。「誰が，何を主張しているのか」という問いは，直接話を聞きに行かなくても，雑誌・機関紙・会報といった比較的入手しやすいデータから明らかにすることができます（それでも後述のように限界はあります）。将来的にはインタビュー調査を実施してみたいとは思っていましたが，そのための準備もかねて記事分析という調査方法を選びました。

次に分析対象とするデータを決めます。男女共同参画へのバックラッシュの研究が進むにつれて，誰が，あるいはどの団体・グループがそれを担っていたのかが次第に明らかにされました。先行研究で指摘されてきたのは，『正論』や『諸君！』（2009年6月に休刊）といった「保守系」オピニオン雑誌（細谷 2005），そして日本最大の保守系組織といわれている「日本会議」などの運動団体でした（伊田 2006; 山口ほか 2012）。先行研究の知見をふまえて，『正論』『諸君！』のオピニオン雑誌2誌と，「日本会議」の機関誌『日本の息吹』，保守系組織・団体が発行している『日本時事評論』『明日への選択』という会報から記事を探すことにしました。

「男女共同参画に女性が反対することにはどのような意味があるのか」という大きな問いとの関連で，女性中心で活動している市民グループの会報も分析対象にくわえることにしました。その市民グループをここでは仮にA会としておきます。A会は地方で活動している女性グループで，たまたまウェブページをみつけたので連絡をとりました。男女共同参画に反対している方々のご意見をうかがい勉強したい，そのために会報を読ませてほしいと依頼し，承諾が得られたので，A会が発行している会報『なでしこ通信』も分析に加えることにしました。

写真 1.1　国立国会図書館（東京本館） 国立国会図書館ウェブサイト（https://www.ndl.go.jp/jp/aboutus/index.html）より。

最終的に分析対象として選んだのは，『正論』『諸君！』『日本の息吹』『日本時事評論』『明日への選択』『なでしこ通信』の6つの媒体です。これらから，実際に分析する記事をいくつかの基準を設けて抽出することにしました。その基準とは，①2000年から2008年までに掲載された記事であること（これは，男女共同参画社会基本法が制定されたあと，バックラッシュという現象が生じ始めたのが2000年であり，それが収束したのが2008年だったためです），②記事中に「男女共同参画」あるいは「ジェンダー・フリー」という単語が含まれていること，の2つです。①の条件で期間をしぼり，さらに男女共同参画に言及した記事を抽出しました。②の条件の補足として，記事中に「男女共同参画」「ジェンダー・フリー」という単語がない場合でも，たとえば男女共同参画批判の特集内で掲載されていた記事も分析対象とすることにしました。

記事は，国立国会図書館（以下，国会図書館）を利用して収集しました。『正論』や『諸君！』といった一般書店でも販売されている雑誌は，大学の図書館にも所蔵されている場合があります。自分が所属する大学の図書館にない場合は，他大学の図書館を利用したりもしました。連絡をとったA会の会報『なでしこ通信』は会から直接いただくことができましたが，『日本の息吹』『日本時事評論』『明日への選択』は書店に並ぶような刊行物ではなく，また所蔵している大学もありません。そうした資料を収集する際に便利なのが，国会図書館です。

国会図書館の東京本館（**写真 1.1**）は，千代田区永田町にあります。国会図書館は国会活動の補佐を目的として設立された図書館です。国会議員から依頼を受けて調査を実施したり，国政に関するレポートなどを執筆する役割を担っています。くわえて，日本国内で発行されたすべての出版物は，国立国会図書館法によって国会図書館に納入することが義務づけられているという特徴もあります。

国会図書館には東京本館のほかに，関西館と国際子ども図書館などがあります。それぞれに所蔵されている書籍や雑誌は異なります。国立国会図書館のウェブサイトでは，蔵書検索をすることができます。また，最近では大学の蔵書検索のウェブページで「NDLサーチ」を利用すれば，国会図書館に所蔵されている書籍や雑誌の検索をすることもできます。

国会図書館では，収蔵されている書籍や雑誌・新聞などの閲覧や貸出といったサービスを利用できますが，そのためには利用者登録が必要です。複写代と郵送代がかかりますが，利用者登録をしていればコピーを郵送で受け取れるサービスも利用できます。

国会図書館に収蔵されている資料はすべて，閉架されています。資料の複写も自分ではできず，窓口で依頼しなければなりません。そのため，複写代も一般的なコピー代に比べて高額になります。閲覧したい資料を窓口に申請して取ってきてもらい，該当する記事を1つひとつ目視で探し，複写依頼を出す。何日も国会図書館に通い，この一連の流れを繰り返しました。資料収集は時間と根気のいる大変な作業でしたが，それでも資料に目を通しながら，分析したらこんなことがいえるんじゃないか，この観点も入れる必要があるんじゃないかと考えるのはなかなか楽しい時間でもありました。

誰が，どのような行動を起こしていたのか

データはそれがどのような種類のものであれ，明らかにできることには限界があります。私は「誰が，何を主張していたのか」という問いに答えるために雑誌等の記事分析という方法をとりましたが，雑誌記事というデータにももちろん限界はあります。たとえば，紙に書かれていることをすべて事実として捉えることは必ずしも適切ではありません。商業誌であればより多くの販売部数を稼ぐために，事実を誇張したり，インパクトを与えるような一側面のみをク

ローズアップして記事が書かれることもあるでしょう。「サラリーマン」という肩書である人が読者投稿をしていたとしても，その人が“本当に”サラリーマンなのかどうかはわかりません。そして何より，自分の考えを文章にして公表できる人というのは限られています。評論家やジャーナリスト，あるいは政治家などではない“普通”の女性の声はたいてい雑誌には掲載されていません。

このような記事分析がもつ限界を補うために，私はインタビュー調査も行いました。調査対象としたのは，先に紹介した『なでしこ通信』を発行している女性市民団体A会です。A会とは資料収集をする過程で知り合い，私はそのあいだにも，A会が主催した一般参加可能な講演会を聴講するなどしていました。

A会は全国規模の大きな会ではなく，地方で活動しているグループです。男女共同参画社会基本法には反対の立場をとり，「家族の絆」を大切にした「健全な」男女共同参画への修正を求めるというのがA会の基本的な主張です。2004年に結成されて以降，講演会・学習会の開催や，会報発行，地方議会への請願や陳情，行政へのヒアリングなどの活動を続けています。会員数は764名（2011年時）でした。

私は2008年から2011年にかけて，このA会で調査を行いました。A会が主催する講演会の聴講，会員23名へのインタビュー調査，会報の記事分析の3つが調査の主たる内容です。男女共同参画へのバックラッシュは，全国的にみると2006年頃にはほぼ収束していました。そうしたバックラッシュの流れにA会を位置づけてみると，バックラッシュの最盛期である2004年に結成され，バックラッシュ収束後もグループとして活動継続しているという点において，A会は例外的なグループとも考えられます。しかし，私の大きな問いを明らかにするためには，①女性中心に活動しているグループであること，②全国的にみれば例外的ではあるものの，2004年から活動を継続しているということは市民運動団体としてむしろ安定している団体であると考えられること，などの理由から，A会を取り上げることが適切であると考えました。

インタビュー調査への協力依頼は，A会の会長に行いました。その際，私がお願いしたい調査はあくまでも学術調査であり，会やそこに参加している人たちを非難するために行う調査ではないこと，また，男女共同参画に反対してい

Column ③　右派と左派

よく，政治に関する考え方について「あの人は右だ」「あいつは左翼だ」という言い方をします。ここでいう「右」とか「左」とは，ある人の政治的立場を示すために頻繁に使われる指標のようなもので，簡単にいうと「左」は改革を求める急進派，「右」は改革には慎重な保守派を意味します。こうした言葉の使い方は，フランス革命のときに議会で議長席から見て右側に保守派が，左側に急進派が着席したことに由来しています。

ここで注意が必要なのは，この政治的な立場を示す「右」「左」に実際にどのような意見が該当するのかは，国や地域，時代によってかなり異なるという点です。たとえば，日本では憲法改正を求める人は「右」，憲法改正に反対する人は「左」と呼ばれます。改革には慎重であるはずの「右」が改正に賛成し，改革を支持するはずの「左」が改正に反対するというねじれた構造が日本の場合はみられるのです。

る女性の声，とくに地方で主婦として，母として生活している“普通”の女性の意見を聞く機会はほとんどないので，実際に話を聞いて勉強したいと思っていることを伝えました。その結果，インタビュー調査に協力可能な人をA会の会長に推薦してもらい，話を聞くことができました。

フィールドワークやインタビュー調査をするときにネックになるのが，調査費用の捻出だと思います。A会が活動している地域と，私が所属していた大学は少し距離がありましたので，日帰りで頻繁に訪れることはできません。当時の私は大学院生で，経済的にも余裕はありませんでした。そこで私は，所属大学が大学院生向けに募集していた調査費用助成金制度を利用しました。大学によっては学部生向けの助成金制度もあると思いますので，一度確認してみるといいでしょう。

また，もし「保守系」の市民団体の研究に関心をもっているならば，会員でなくても参加できるような催し（たとえば講演会など）に一度参加してみることをおすすめします。そして，ただ講演を聞きに行ってそのまま帰るのではなく，いろいろ観察してみましょう。その団体や会員の雰囲気や男女比，年齢層などを意識して会場を見回してみるといいと思います。事前に一般参加可能かを確

CHART 表 1.1 分析記事件数の推移（媒体別）

	2000	2001	2002	2003	2004	2005	2006	2007	2008	合　計
正　論	5	0	15	15	6	15	9	6	2	73
諸君！	2	1	3	5	0	1	6	0	0	18
日本の息吹	0	11	16	16	8	10	7	14	7	89
日本時事評論	31	27	45	51	23	24	17	10	10	238
明日への選択	0	0	2	13	9	5	6	4	0	39
なでしこ通信	–	–	–	–	7	32	32	29	24	124
合　計	38	39	81	100	53	87	77	63	43	581

（注）『なでしこ通信』は 2004 年創刊のため，2000〜2003 年は該当なし。

認するために団体に連絡し，会場に行った際に担当者に挨拶などして調査を受けいれてもらえそうか確認してみるのもいいかもしれません。

5 データから概念を捉え直す

データの種類や立てた問いが違えば，分析の仕方も異なります。本章では，文字という質的データを質的に分析した方法を紹介しますが，質的データの質的分析は，これをしたら確実に結果が出る，というようなものではないということは覚えておいてください。

さまざまな基準でデータを分類する

最初に，小さな問い①「誰が，何を主張していたのか」を明らかにするために，雑誌等の記事分析を行いました。前節で述べたような条件で資料収集を行ったところ，該当した記事は 581 件でした。ただ漠然と記事をながめているだけでは分析は進みませんので，いろいろな基準を設定して記事をいくつかのカテゴリーに分類してみます。

私はまず，記事件数の年ごとの推移を確認してみました。581 件の記事の推移を掲載された雑誌別にみてみると，**表 1.1** のようになりました。媒体に

CHART 表 1.2 分析記事件数の推移（媒体×有識者・主婦）

		2000	2001	2002	2003	2004	2005	2006	2007	2008	合計
正　論	有識者	5	0	14	15	6	15	9	5	0	69
	主　婦	0	0	1	0	0	0	0	1	2	4
諸君！	有識者	2	1	3	4	0	1	5	0	0	16
	主　婦	0	0	0	1	0	0	1	0	0	2
日本の息吹	有識者	0	11	16	16	6	8	7	14	7	85
	主　婦	0	0	0	0	2	2	0	0	0	4
日本時事評論	有識者	28	27	45	51	23	24	17	9	10	234
	主　婦	3	0	0	0	0	0	0	1	0	4
明日への選択	有識者	0	0	2	13	9	5	6	4	0	39
	主　婦	0	0	0	0	0	0	0	0	0	0
なでしこ通信	有識者	−	−	−	−	1	3	3	2	1	10
	主　婦	−	−	−	−	6	29	29	27	23	114
合　計		38	39	81	100	53	87	77	63	43	581

（注）『なでしこ通信』は 2004 年創刊のため，2000 〜 2003 年は該当なし。

よって誌面構成が違いますので単純比較はできませんが，年ごとで分けてみると，『なでしこ通信』と『諸君！』以外の 4 誌でもっとも記事件数が多かった年は 2003 年となっており，2002 年から 2006 年にかけて多くの記事が掲載されていたことがわかります。

「誰が，何を主張していたのか」を明らかにすることが目的ですので，全体の傾向を把握したら次に「誰が」の部分に着目します。新聞記事やインターネットのニュースサイトの記事やブログなどは匿名で書かれていることが多いですが，今回データとした雑誌や運動団体の機関紙・会報に掲載されている記事は，ほぼすべての記事が署名入りで，「政治家」「評論家」「学者」「ジャーナリスト」「医師」といった肩書も書かれていました。また，名前と執筆者の顔写真から性別も推測できました。私の大きな問いである「女性が男女共同参画に反対することにはどのような意味があるのか」を考えていくにあたって，ジェンダーの視点は分析に欠かすことができません。私はとくに，有識者ではない“普通”の女性たちの反発に関心がありましたので，分析対象の記事を今度は「主婦」という肩書で書かれたものとそれ以外の有識者が書いたものとに分類しました。そうすると，**表 1.2** のような結果になりました。

「主婦」の記事は少数派です。ただし，『なでしこ通信』は草の根の市民団体であるA会の会報ということもあって，「主婦」による記事が他誌よりも圧倒的に多く掲載されていることがわかります。「主婦」による記事は読者投稿欄に掲載されていることが多いため，保守系シンクタンクの情報誌である『明日への選択』では掲載されていませんでした。

その文章を書いた人が“本当に”主婦かどうかはわかりませんが，「主婦」という肩書で書かれた文章が，テーマや論理展開といった内容面で「有識者」と比べたときにどのような違いがあるか，どのような特徴がみられるのかを次に分析していきます。

質的データを質的に分析することの醍醐味はまさしくこの内容面の分析にあると私は思っていますが，やはりこれだけの記事件数があると，時系列の推移・執筆者の属性での分類だけではまだまだ大変です。そこで私は次に，単語を基準にして分析を行いました。たとえば，「男女共同参画」や「フェミニズム」「ジェンダー」「家族」「母親」といった言葉をそれぞれの記事のなかから探し，その言葉がどのような文脈で使われ，それによってどのような主張が組み立てられているのかをみていきました。

しかし，すべての記事から目視で1つひとつの単語を拾っていくのは大変な作業になりますので，私は，KH Coderという分析ソフトを利用しました。KH Coderはインターネット上でダウンロードして利用できるフリーソフトです。記事分析には非常に便利なソフトですが，使用するまでにいくつかの下準備が必要です。KH Coderを使うためには，まず分析したいデータをすべてテキストデータ化します。国会図書館で複写し，収集した記事はすべて紙媒体でしたので，それらをテキストエディタを使って打ち込み，データ化していきました。その他の工程はここでは省略しますが，下準備やソフトを使った分析方法などは，開発者でもある樋口耕一（2014）を参考にするとよいでしょう。

KH Coderを使えば文字という質的データを量的に分析することもできますが，私の場合は質的データを質的に分析するという方法を選択しました。その際に便利だったのが，KH Coderの「コンコーダンス検索」でした。図1.2は，「コンコーダンス検索」を行っている作業過程を写したものです。右側のウィンドウにある「抽出語」という検索欄に，「男女共同参画」「ジェンダー」「フェミニズム」「家族」といった探したい単語を入力すると，下に検索結果が

CHART 図 1.2 KH Coder の作業画面

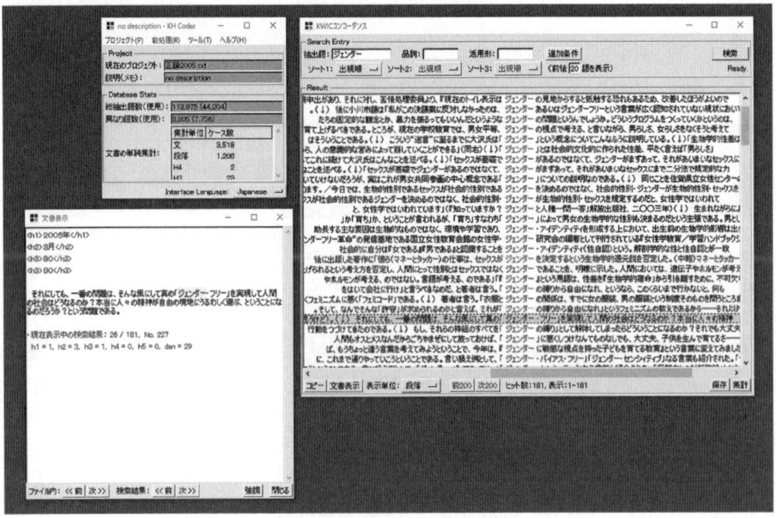

出力されます。「コンコーダンス検索」の便利なところは，検索すると単語の前後の文章も見ることができる点です。出力結果から気になる文章をクリックすれば，さらにその前後の文章も確認することができます。ソフトの力を利用しながら，先に分類した「有識者」と「主婦」の主張がそれぞれどのような特徴をもっているか，キーワードごとに確認していきました。

“不思議ポイント”をみつける

分類したり基準を設定したりしてデータを何日も何日も読み込んでいくと，ある日突然「あれ？」と思うようなことに遭遇します。先行研究でいわれていることに必ずしも該当しないようなこと，なんとなくうまく分類しにくいこと，そもそもいったいなんなのかよくわからないこと，よく読んでみたら論理的には全然つながっていないのにつながっているようにみえること。これらをここでは仮に“不思議ポイント”としましょう。この“不思議ポイント”が発見できれば，分析はさらに深くおもしろくなります。

“不思議ポイント”とは何か，もう少しイメージをもってもらうために，記事分析を進めるなかで私が遭遇した“不思議ポイント”を紹介しましょう。

「家族」というキーワードが含まれる記事を探し，「家族」という言葉がどのような文脈で，どのような意味で使われていたのかを分析していたときのことです。まず，以下の2つの文章を読み比べてみてください。

ジェンダーフリーが反体制運動の中軸として位置づけられ，革命戦略の最も重要な一環となっていることを，われわれは見抜かなければならない。とくに家族という，社会の細胞とも言うべき最重要の単位を崩し破壊しようとしているところに危険性がひそんでいる。（高橋史朗，「非常事態に陥った日本――自治体と教育現場で進行する文化大革命」『正論』2002年8月号，250-61頁）

私の心に残っている「母の日」の思い出がある。毎年，小学校で「母の日」が近くなると，造花のカーネーションのブローチが注文販売された。子供の小遣いで買える数十円のものだったけれど，私は毎年，それを購入し母に渡していた。母はいつも殊の外喜んで，その日は一日中，胸に飾っていた。（三重の主婦 えみ子，「母親受難」『正論』2007年8月号，425頁）

どちらも「家族」について述べている文章ですが，その「家族」の論じ方がかなり異なっていることがわかるでしょうか。上の文章は，男女共同参画が男女という性別をなくす「ジェンダーフリー」な社会をめざそうとするものであるという前提に立っています（「ジェンダー・フリー」という言葉はもともと，性別によってどちらかの性に不都合が生じないようにする，という意味で使われていました。この文章では異なる意味で用いられている点は注意が必要です）。そして，その「ジェンダーフリー」とは「革命戦略」であり，「社会の細胞とも言うべき最重要の単位」である「家族」を「破壊しようとしている」，と論じています。つまり，上の文章は「家族の危機」は「社会の危機」に直結するものであり，男女共同参画は社会を転覆しようとするという点において危険であると論じられています。

他方で，私が引っかかったのはむしろ下の文章でした。一見するととくに重要ではなさそうですが，この文章が書かれていた記事には“不思議ポイント”がいくつもあります。まず，この記事は「家族」という単語は含まれていないため，KH Coderを使って検索してもヒットしませんでした。しかし，「家族」という言葉こそ使われていないものの，この記事はたしかに「家族の話」をしています。「家族に言及している記事」を抽出する際に，私は「家族という単語が含まれている記事」と定義づけていましたが，その基準ではこの文章は「家族」のことを論じているにもかかわらず，「家族に言及している記事」には該当しないことになります。そのため，定義を再検討してもう一度記事全体を分類し直すことにしました。

次に，この下の文章は男女共同参画を批判するための連載の1つとして掲載されていましたが，文章全体を通しても男女共同参画やフェミニズムに対する直接的な批判は述べられていませんでした。同じ雑誌の「有識者」の記事では，男女共同参画は「女性の社会進出を促すことで，父親が働いて一家を支え，母親は家事や育児をして家庭を守るという伝統的家族観を崩壊させようとする」ものとして捉えられています。ここで取り上げた文章はそうした文脈に位置づけてみると，「主婦」が「家族の絆」を訴えることで女性も男女共同参画に反対しているということを示す効果をもっています。しかし，この文章だけ取り出してみると，「保守系」のオピニオン雑誌に掲載されているのはどこか“場違い”な印象を受けます。むしろ，育児雑誌の読者投稿欄などに掲載されているほうが“自然”に思えます。

なぜこの下の文章が男女共同参画へのバックラッシュにみえてしまうのだろう？私は分析を進めていくなかでみつけたこの“不思議ポイント”に焦点をあててみることにしました。引用したカーネーションの文章のような記事が他にもないか調べたところ，「主婦」の記事ではこのような記述がたびたびみられました。

そして，「家族」を「家族」という単語を使って論じる傾向が強い「有識者」のなかに，「家族」という言葉を使って社会や国家を論じつつも，「主婦」の記事のように自分の「家族」の具体的な経験を語る記事，つまり両者の特徴を併せ持っている記事があることに気づきました。

> 私の家も，母がお雛さまの時期にはちらし寿司を作ってくれたり，端午の節句には菖蒲湯を立ててくれたりしました。（中略）節句のお祝いはすべて，

一種の「祈り」です。伝統行事を通じて，わが子の幸せだけでなく，連綿と流れる日本民族の幸せをも祈る。（山谷えり子・林道義，2003，「家族崩壊を許すな」『諸君！』35 巻 4 号，178-88 頁）

この文章は女性の国会議員が対談記事のなかで語っていた文章です。前半部分は「主婦」の記事と同じように，自分の家族の話をしていますが，後半部分ではそれが突如として「日本民族」にまで拡大されており，「有識者」の記事でよくみられる書き方になっています。このように，「有識者」に分類した記事のなかでも，女性の国会議員や評論家・大学教員・ジャーナリストが書いた記事にはこうした特徴がよくみられることがわかりました。要するに，彼女たちのような論理構造をとる記事があることによって，本来ならば直接つながってはいない「有識者」の家族論と「主婦」の家族論は，あたかもつながっているかのように言論上はみえてしまうのです。

データから一度離れて考える

調査や分析をする前に先行研究をきちんと読み込んでおくことが重要なのはいうまでもありませんが，私は自分の研究テーマに直接関連する先行研究だけでなく，思想や哲学などの本を読んでおくことも分析や考察をする際に非常に有意義だと考えています。

「誰が，何を主張していたのか」という問いについて，バックラッシュの言論の構造を明らかにしたのち，ふと思ったことがありました。それは，男女共同参画に反対しバックラッシュを担う人びとはフェミニズムにも否定的ですが，「主婦」の記事で書かれているようなことは実はフェミニズムとさほど対立していないのではないか，ということでした。

フェミニズム（あるいはジェンダー論）で近年活発に議論されているのが，ケアや依存に着目しながら既存の社会制度や社会構造を再検討しようとするケア・フェミニズムです。一般的に，経済的・精神的に自立／自律していることは人がめざすべき理想の状態と考えられています。一方で，誰かにケアされることは他者に依存している状態であるため，ネガティブな意味で捉えられています。社会は自立／自律した人を基準にしてつくられており，誰かに依存している人や依存している人を世話する人は自立／自律していない人として例外視されたり，制度からこぼれ落ちてしまい，経済的に不利益を受けやすくなります。

しかし，ケア・フェミニズムはこの依存状態こそが人間の本質であると考えます。実際に，人は生まれたときからしばらくのあいだは誰かにケアされなければ生きていけませんし，高齢になればふたたび誰かのケアを受けることになります。障がいや持病がある人も少なくありません。ケア・フェミニズムは，自立／自律した人ではなく依存状態にある人を基準にして新しい社会を構想します（Kittay 1999=2010）。そして，何より忘れてはならないのは，そうした他者へのケアを歴史的に担ってきたのは女性だったということです。

フェミニズム研究におけるケアをめぐる議論は，心理学者のキャロル・ギリガンが『もうひとつの声――男女の道徳観のちがいと女性のアイデンティティ』（Gilligan 1982=1986）という本を出版して以降，欧米では1980年代から続けられてきました。日本でもギリガンの書籍は早い時期に翻訳されていましたが，高齢社会にともなう介護需要の増加や，結婚・出産後も就労継続する女性の増加による育児サービスの不足などを背景に，2000年代になってからケアに対する関心が高まるようになりました。ケア・フェミニズムは，こうした文脈の中から登場した新しいフェミニズム思想です。

このように，家事や育児・介護といったケアする／される関係を重視するケア・フェミニズムの議論と，バックラッシュのなかで個別具体的な「家族」の経験を語る「主婦」の記事は，じつはケアを重視するという点において共通点があるようにもみえます。ケア・フェミニズムはおもに政治思想や哲学の分野で研究が進められていますが，私がそのことに気づき，分析結果の考察を膨らませていくことができたのは普段から関心を広くもち，さまざまな分野の本や論文を読んでいたからこそだと思います。自分の研究テーマに直接関連する先行研究だけでなく，思想や哲学など他の学問分野の研究にも目をとおすことは，分析や考察をタコツボ化せずにより広い文脈へと拓いていくことにつながるのです。

CHART 表 1.3 インタビュー対象者の概要

	性 別	年 齢	職 業	最終学歴	他団体所属の有無
B	男	50 代	教 員	四年制大学	有
C	男	70 代	無職（元教員）	大学院	無
D	女	60 代	自営業	四年制大学	有
E	女	50 代	主 婦	四年制大学	有
F	女	70 代	無職（元教員）	四年制大学	有
G	女	50 代	農 業	高 校	有
H	女	30 代	主 婦	四年制大学	有
I	女	50 代	福祉職	短期大学	無
J	女	70 代	農 業	高 校	有
K	女	50 代	自営業	高 校	有
L	女	60 代	主 婦	高 校	有
M	女	60 代	福祉職	高 校	有
N	女	70 代	主 婦	専門学校	有
O	女	50 代	主 婦	高 校	有
P	女	70 代	主婦・民生委員	高 校	有
Q	女	60 代	NA	高 校	有
R	女	60 代	主 婦	短期大学	有
S	女	50 代	自営業	NA	有

（注） インタビュー調査実施時に基本属性のみ質問紙調査を実施。職業は自由記述による回答。

次の問いにつなげる

1つ目の小さな問い「誰が，何を主張していたのか」の結果を，2つ目の小さな問い「誰が，どのような行動を起こしていたのか」の分析へとつなげていきます。後者の問いを明らかにするために，先に述べたように私はA会でのフィールドワークとインタビュー調査のデータを用いました。インタビュー調査では23名の方に話を聞きました。協力者の概要は表 1.3 にまとめています。

A会での調査は“不思議ポイント”ばかりでした。そのなかでも私が一番戸惑ったのは，インタビュー協力者のなかでもそもそも男女共同参画とは何かを知っている人がほとんどいなかったことです。協力者に話を聞くにあたって，全員に共通して質問する項目とその場で臨機応変に質問していく項目を事前に決め，質問する順番を考え，それらを頭に入れてからインタビューに臨みましたが，男女共同参画についての意見を尋ねてみても，「実際はよく知らないのよね」「会長さんがそう言ってるからそうなんだと思うけど……」といったような返事ばかりで，調査の初期の頃は戸惑い，頭が真っ白になりました。「せっかく時間をつくって調査に協力していただいているのにどうしよう」と，とても焦ったことを覚えています。

このように調査を始めて非常に戸惑ってしまったことの1つの要因として，私が想定していた参加者イメージが間違っていたことがあげられると思います。私は当初，男女共同参画に反対する運動団体に参加している人というのは，みな熱心な“活動家”のような人だと思っていました。調査協力者は全員，A会の会長さんに紹介してもらった人たちですが，いまから振り返れば会長さんの人選はとてもよかったのだと思います。つまり，バックラッシュを担っている人というのは先の分析で扱った記事のように男女共同参画に対して理路整然とした主張をもっている人たちばかりではなく，むしろそうした自分の意見を論理的に提示できる人というのは限られた一部の人で，その背後には男女共同参画のことはよくわからないけれども，反対している人の意見には「なんとなく」賛同できるという人がたくさんいたのです。そして，そういった人の大半は女性であり，まさしく私の問題関心からして話を聞かなければならない人だったのです。

調査の場面にもう一度戻りますが，困り果てた私はどうしたかというと，彼女たちが話したいこと，私に聞かせたいと思っていることを自由に話してもらうことにしました。「男女共同参画のことはよくわからない」と前置きをするものの，耳を傾けているとやはり彼女たちには何か話したいことがあったのでした。そして，その話の中心はやはり家族のこと，とくに地方で，母親や妻・嫁として自分がどのような思いで暮らしてきたか，家庭を円満なものにするためにどのような工夫やがまんをしてきたか，ということでした。

1つ目の分析結果から，私は男女共同参画に反対する「主婦」の主張とケア・フェミニズムの議論はそんなに遠いものではないのではないか，という仮説を導き出しました。その仮説を念頭におきながら，インタビューデータでもやはり「家族」に焦点をあてて分析しました。すると，両者には共通する点はあるものの，やはり相違点も大きいということがわかりました。A会の調査協力者のうち女性の大半は，自分たちがこれまで子どもや夫・義父母に対して行ってきた家事・育児・介護といったケアが意義のある行為であること，そうした行為によって家庭内の人間関係をなんとか維持してきたのだと語っていました。ケアという営みがもつ意義を重視する点で，彼女たちの語りとケア・フェミニズムとは重なる部分があります。その一方で，彼女たちは家庭内のケアは母・妻・嫁である女性が行うべきであると考えていました。この点は，性別役割分業に批判的なケア・フェミニズムとは異なっていました。

“これは何にあてはまるのか？”

2つ目の小さな問いである「誰が，どのような行動を起こしていたのか」をフィールドワークとインタビュー調査から考えていくうちに，私はA会のような女性たちの男女共同参画反対運動は，いったいなんの市民運動なのだろうかと考えるようになりました。そして，2つ目の小さな問いに答えるよりも，こちらの問いを考えていくほうがおもしろいのではないかと思うようにもなりました。

バックラッシュに関する先行研究によれば，女性たちの運動は「保守運動」に該当します。しかし，その「保守運動」の内実をジェンダーの観点から眺めてみると，女性たちの男女共同参画反対運動は，他の男性中心団体や男性参加者たちとは必ずしも主張が合致しない，むしろじつは対立するような側面もあります。その最たるものが「家族」や「ケア」に対する認識です。記事分析で「有識者」と呼んだ人びとは，「国家」に一義的な関心をもっており，「家族」は秩序立った「国家」の維持に必要であるという理由で重要視していました。「家族の絆」という言葉で語られる「ケア」の美点も，母親や妻として女性が行う「ケア」であることが前提とされています。

他方で，A会のような女性による男女共同参画反対運動は，たしかに性別役割にもとづいた「ケア」を想定している点で男性中心の保守運動団体や男性参加者と意見が一致しているものの，必ずしも「ケア」の美点だけを語っていたわけではありませんでした。家庭の人間関係を良好なものにすることや，家事・育児・介護を一手に引き受けることがどれだけ大変かも語っていたのです。それをふまえてなお，彼女たちは家庭内で女性が担ってきた／担っているケアを大切だと考えていたのでした。家事・育児・介護という営みが家庭内で女性によって担われることが当たり前だと考える男性たちに対して，女性たちにとってケアとは，悩みときには苦しい思いをしながらもずっと続けてきたものです。「当たり前」にみえるケアは必ずしも「当たり前」に遂行できるものではないことを，女性たちの男女共同参画反対運動は訴えていたのです。

A会でのフィールドワークとインタビュー調査を通じて，私は女性たちが自分たちで市民運動を展開していることをより実感するようになりました。女性たちが女性たちだけで会をつくり，署名活動や地方議会・行政への陳情や請願を行って交渉し，会報を定期的に発行し，学習会を開く。活動内容だけをみれば，従来の市民運動となんら変わりはありません。

こうした，女性によって男女共同参画反対運動が実際に行われているという事実と，男性中心の保守運動団体や男性参加者との相違をふまえると，彼女たちの運動はこれまで保守運動のなかの1つの運動とみなされてきましたが，女性運動の文脈のなかにも位置づけられるのではないかと私は思うようになりました。

女性運動，というと真っ先にイメージされるのはフェミニズム運動だと思います。フェミニズム運動には，第1波フェミニズム運動と第2波フェミニズム運動があります。女性に参政権がなかった時代に生まれた第1波フェミニズム運動は，婦人参政権や教育を受ける機会の平等などの法制度上における男女平等・男女同権を求めた運動でした。これに対して第2波フェミニズム運動は，日本では1970年代から始まりました。このときはすでに女性にも参政権があり，男女同権が（形式的には）実現されていましたが，第2波フェミニズム運動は法制度上の男女平等が実現してもなお社会や文化・慣習のなかに根づいている女性差別を告発した運動でした。

他方で，フェミニズム運動ではない女性運動もまた，数多く存在します。消費者運動や母親運動などをイメージしてもらうとわかりやすいと思います。女性運動のあり方は国や時代によって異なりますが，『講座社会学14 ジェンダー』という本に収められた矢澤澄子による論文では，「女性運動」とは「女たちを主体とする市民運動」と定義づけられています（矢澤 1999）。矢澤は日本で女性たちが担ってきた市民運動を振り返りながら，女性運動がこれまで取り組んできたテーマとして，平等・開発・環境・福祉・人権・労働・参画・暴力・貧困・抑圧などをあげています（矢澤 1999）。

「女たちを主体とする市民運動」と「女性運動」を定義づけるならば，A会のような女性による保守運動は，「女性運動」の定義に合致します。しかし他方で，A会が取り組んでいるテーマは，これまでの女性運動が取り組んできたテーマには含まれません。女性たちの保守運動は，従来の女性運動とは異なる「もうひとつの女性運動」として解釈していくことができるのではないか。私はこのように考えるにいたっています。

6 課題や限界，注意点，悩み

質的研究の難しさとおもしろさ

本章では，ある社会運動が起こったときに，それがいったいなんの運動であるのかという解釈的な研究の方法を紹介しました。私のように，質的なデータを質的に分析し，解釈して意味を見出そうと試みる研究は，こういう手順を踏めば確実に結果が出る，という方法論がありません。本章でこれまで述べてきた方法は，あくまで私が手探りで研究してきたものですので，研究テーマや問題関心が異なれば，あるいは似たような関心をもってくださった方が同じような対象を分析した場合でも，私とまったく同じ解釈にたどり着くということはまずないと思います。

それでは，社会運動の意味や定義を研究したいときには，どうすればいいのか。私は，こうした研究の場合，どれだけ深く広く学問的関心をもてるか，ということが重要になってくると思います。自分の選んだ研究テーマとそのテーマに直接関係する先行研究の他にも，日頃からさまざまな分野の研究にふれるようにしましょう。そして，たんに異分野を知識として覚えるだけではなく，たとえば，この分野で自分が選んだテーマを研究しようとしたら，どのようにアプローチできるのだろうか，とか，別の分野で提示されている知見を自分の研究の分析で使ってみたらおもしろそうだなとか，常に自分の研究，自分の研究テーマを軸に据えて周辺分野を見渡してみると，新しい発見を得られると思います。

ただし，さまざまな分野にふれると自分自身にブレが生じやすくなります。あれもおもしろそう，これもやってみたい，というような状態になり，レポートや卒業論文・修士論文などのまとまった成果が一向に出せなくなります。そうした状況を防ぐためには，自分はもともと何に関心があったのかを常に振り返り，自分の軸をしっかり保つことが重要です。

継続的な調査の困難

これまで述べてきたように，私はさまざまなデータを使って自分のなかの大きな問いに答えようとしてきました。そして，いまも答えを探すべく考え続けています。性質の異なるデータを使うことは，1つの対象をさまざまな角度からみることができるという利点があります。

しかし，私の場合，そうした手法をとらざるをえなかったという側面が強かったのも事実です。一般的な社会運動研究では，調査者がときには調査対象者と一緒に活動したりしながら，時間や空間を共有することで信頼関係を築き，そのなかでインタビュー調査をしてより厚みのある記述ができるようにデータを集めていくことが大半です。ですが，私の研究対象である保守運動ではそうしたやり方をしようとすればさまざまな壁にぶつかります。

その最たるものが，調査対象者たちとの信頼関係をいかにして構築するか，というものです。保守運動に参加している人たちにとって，大学とは「左翼の巣窟」，つまり「敵」であると捉えていることが多いのです。そんな大学からやって来た調査者もまた，自分たちの「敵」であるという前提で相対されることがほとんどです。調査の目的やデータの使用方法，個人情報の保護について説明をしたとしても，自分たちの情報を集めに来たのではないかと思われます。実際に，私も調査中に「スパイしに来たの？」とどこまで冗談なのかわからないような調子で尋ねられることがたびたびありました。

また，なかには身元をはっきりさせずに運動に参加し，そのことを家族にも秘密にしているという人もいます。そうした女性に以前，私はインタビューを申し込んだことがありました。仲のよい活動仲間も同席していいなら，ということで承諾は得られたものの，約束の前日にその方からインタビューをやっぱりやめたいという連絡がありました。インタビューのことを考えると緊張して体調が悪くなってしまったのだそうです。私は，彼女にそこまでの精神的負担をかけてしまっていたことにまったく気づかず，申し訳ない思いでいっぱいになりました。もちろん，要望のとおりにインタビューは中止にしました。論文などにするときは匿名で掲載することを伝えていても，身元がバレるのではないかということに恐れを抱く人びとに，個人の背景を含めた深い話を聞かせてもらうことは，一筋縄にはいきません。

保守運動のなかにはヘイトスピーチをする団体もあります。ヘイトスピーチとは，ジェンダーや人種・民族・セクシュアリティ・障がいの有無などの属性にもとづいた差別を煽動する言動のことです。街頭演説やデモ行進・抗議活動などでヘイトスピーチをする可能性が高い団体で，すべての活動に一緒に参加しながら調査をするという方法を採用することは，調査倫理や研究倫理にも抵触する可能性があります。もし，そういった団体でフィールドワークをしようとするならば，自分の問題意識や問いを明らかにするために必要なのはどういったデータなのかをよく吟味したうえで，どの活動には参加し，どの活動には参加しないのかの線引きを明確にするとよいでしょう。なお，調査を実施する前には必ず，所属大学などの調査倫理規定を確認しておきましょう。

“価値自由”との葛藤

保守運動のように，政治的な指向が強い団体を調査研究するうえで私が常に気をつけていることは，自分の「価値判断」が分析や考察，あるいは文章のレベルで潜り込まないように注意を払っていることです。

「価値判断」とは，マックス・ウェーバーが『社会科学と社会政策にかかわる認識の「客観性」』（Weber 1904=1998）という本のなかで提唱した概念です。私たちはさまざまなものごとについて，良い／悪い，好き／嫌い，といった評価を知らず知らずのうちに下しがちです。ウェーバーはそういった主観的な評価を「価値判断」とし，社会科学が科学たりうるためには，「価値判断」という認識と，事実をありのままにみつめる「事実判断」が異なるものであることを理解することが重要であると主張しました。しかし，どのような人でも事実を事実として客観的にみるというのは実は非常に難しいことです。その事実を，自分はどういう観点からみているのかを認識することによって，「価値からの自由」すなわち「価値自由」にいたることができるとウェーバーは考えました。

私は，研究対象である保守運動を，保守運動が批判しているフェミニズムの観点から研究しています。研究対象と私自身の政治的な考え方は一致しません。調査をしているとき，あるいはデータをみているときには，あまりにも「酷い」と私が思う言動に遭遇して疲弊することもあります。研究対象と自分の心持ちが離れすぎれば，研究対象を理解することができず，かといって研究対象と近すぎると今度は精神的にしんどくなることもあります。近すぎず遠すぎずという適度な距離感をみつけることは，新たな研究や調査を始めるにあたって，私が真っ先に行うことです。

よく混同されがちですが，何かを非難することと批判することは違います。非難とは相手の主張や行為の欠点を一方的に責めることであるのに対して，批判は相手の主張や行為を聞き，理解し，受け入れるべきことは受け入れ，違うと思ったことに関しては自分の考えを主張するという建設的な営みだと思います。研究をするうえで必要になるのは「批判」であって，「非難」ではありません。先行研究を批判的に読む，分析や考察の過程で批判的にデータと向き合うことは，研究のオリジナリティを生み出すうえで決定的に重要です。しかし，そこに「非難」を混ぜ込むことは，学術的な態度ではないと私は思います。本章で扱ったような，自分の考えとは「異なる」対象を研究テーマとして選んだ場合，自分の「価値判断」が紛れ込んでいないか常に省みる必要があります。研究対象だけでなく，自分自身とも向き合いながら考え続けていくという姿勢が求められるのです。

EXERCISE ● 課題

1 【その場で考えられる内容】 自分とは反対の意見をもっている社会運動団体で調査をするとき，あなただったらどのように調査への協力を依頼しますか。

2 【調べたり読んだりしないとわからない問題】 本書第Ⅱ部の研究のように，因果関係に着目して保守運動を研究しようとするならば，どのような問いが立てられるか考えてみよう。

3 【調べたり読んだりしないとわからない問題】 2で立てた問いを明らかにするためには，どのようなデータが必要か，また，どのような調査方法を使えばそのデータが集められるか考えてみよう。

④【応用問題】 本章で論じたように，一般的には○○運動だと思われているけれど別の観点からみたら○○運動ともいえるのではないか，という社会運動があるか考えてみよう。

参考文献 Reference ●

江原由美子，2007，「『ジェンダー・フリー』のゆくえ」友枝敏雄・山田真茂留編『Do! ソシオロジー——現代日本を社会学で診る』有斐閣，171-96。

Faludi, Susan, 1991, *Backlash: The Undeclared War against American Women*, Crown Publishers.（= 1994，伊藤由紀子・加藤真樹子訳『バックラッシュ——逆襲される女たち』新潮社）

Gilligan, Carol, 1982, *In a Different Voice: Psychological Theory and Women's Development*, Harvard University Press.（= 1986，岩男寿美子監訳『もうひとつの声——男女の道徳観のちがいと女性のアイデンティティ』川島書店）

樋口耕一，2014，『社会調査のための計量テキスト分析——内容分析の継承と発展を目指して』ナカニシヤ出版。

樋口直人，2014，『日本型排外主義——在特会・外国人参政権・東アジア地政学』名古屋大学出版会。

細谷実，2005，「男女平等化に対する近年の反動はなぜ起きるのか？」『世界』738: 96-105。

伊田広行，2006，「バックラッシュの背景をさぐる」日本女性学会ジェンダー研究会編『Q&A 男女共同参画／ジェンダーフリー・バッシング——バックラッシュへの徹底反論』明石書店，176-86。

伊藤公雄，2003，『「男女共同参画」が問いかけるもの——現代日本社会とジェンダー・ポリティクス』インパクト出版会。

Kittay, Eva F. 1999, *Love's Labor: Essays on Women, Equality, and Dependency*, Routledge.（= 2010，岡野八代・牟田和恵監訳『愛の労働あるいは依存とケアの正義論』白澤社）

日本女性学会ジェンダー研究会編，2006，『Q&A 男女共同参画／ジェンダーフリー・バッシング——バックラッシュへの徹底反論』明石書店。

岡野八代，2005，「ジェンダーの政治——何が見失われているのか」木村涼子編『ジェンダー・フリー・トラブル——バッシング現象を検証する』白澤社，

55-74。
佐藤文香，2006，「フェミニズムに苛立つ『あなた』へ——『怒り』はどこへ向かうべきなのか」『論座』131: 212-17。
鈴木彩加，2019，『女性たちの保守運動——右傾化する日本社会のジェンダー』人文書院。
鈴木彩加・関めぐみ・堀あきこ，2014，「女性運動と行政の協働に関する一考察——縫田曄子と男女共同参画ビジョンに着目して」『女性学研究』21: 120-41。
Weber, Max, 1904, “Die "Objektivität" sozialwissenschaftlicher und sozialpolitischer Erkenntnis”（=1998，富永祐治・立野保男訳，折原浩補訳『社会科学と社会政策にかかわる認識の「客観性」』岩波書店）
山口智美・斉藤正美・荻上チキ，2012，『社会運動の戸惑い——フェミニズムの「失われた時代」と草の根保守運動』勁草書房。
安田浩一，2012，『ネットと愛国——在特会の「闇」を追いかけて』講談社。
矢澤澄子，1999，「女たちの市民運動とエンパワーメント——ローカルからグローバルへ」鎌田とし子・矢澤澄子・木本喜美子編『講座社会学 14 ジェンダー』東京大学出版会，249-89。

CHAPTER

第2章

歴史的にはどういう意味があるのか？

1960年代の学生運動から

写真2.1　2015年8月7日の夜，国会前で安保関連法案への反対を訴える
SEALDsの参加者たち（共同通信社提供）

1　学生運動のいまと昔

デモ＋学生＝最悪？

私は，2000年に関西の国立大学に入学しました。当時の大学には，いまのキャンパスよりもっと目に見えるかたちで，学生運動の文化が残っていたように思います。1回生（1年生）の必修科目だった，語学の講義の冒頭で起きたできごとでした。突然，先輩の男子学生が教室に入ってきて，教壇に立ち，着席している学生に向けて，大声で語りかけてきました。彼は学生運動の活動家で，何かの社会問題について，私たちの注意を喚起したいようでした。しかし，教室のクラスメイトは無反応です。耳を傾けるふりをするでもなく，ただ彼のアピールを静かにやり過ごそうとし，教師が授業を始めるのを待っているだけでした。

このとき，私の素直な気持ちは「社会問題に関心をもってもらいたいのだっ

写真 2.2　1960 年代後半の学生運動の一コマ　1968 年 11 月に撮影された東京大学の様子。（渡部眸撮影）

たら，もっとうまくやったらいいのに」というものでした。でも同時に，それだけでは済まされないものも感じました。

彼のような活動家学生（と，学生運動に積極的に関わる学生のことを呼びます）がもっと多くいて，まわりの学生たちから一目おかれていた時代がかつてありました。1940 年代から 1960 年代にかけてのことです。とくに 1960 年代後半，学生運動は参加者数が増え，活性化しました。

ただし，かつての学生運動は，最近の学生にとって反面教師になっているようです。2015 年，国会で審議されていた安全保障関連法案に抗議する安保法制反対運動が各地で巻き起こりました。運動の中心的グループの 1 つに，関東地方の学生たちから構成された SEALDs（Students Emergency Action for Liberal Democracy -s　自由と民主主義のための学生緊急行動）がありました（**写真 2.1**）。SEALDs の中心人物の 1 人だった奥田愛基さん（2015 年当時大学 4 年生）が，ある対談のなかで，自分たちの運動と，1960 年代後半の学生運動（**写真 2.2**）とを対比させて，次のように話しています。

奥田　逆に，僕たちにはこれがスタンダードなので，大学を占拠してた七十年安保の感覚が全くわからないんですよね。あれとは違うものにしなきゃいけないとは思ってましたけど。ただ自分が学生だから今回も「学生」ということは銘打った。高校生デモが自分たちで高校生と言ってるのと一緒で，やっぱり学生という記号が意味する，「デモ＋学生＝最悪」みたいなイメージを変えてあげないと，これから何も出てこないと思って。学生につきまとう否定的な記号性を一回崩したかった。（高橋・SEALDs 2015: 51-52）

「大学を占拠してた七十年安保」が1960年代後半の学生運動をさしています。当時の学生運動は「デモ＋学生＝最悪」というイメージをつくりだしてしまったというのです。2015年の学生としての奥田さんの感覚と，2000年に私が先輩に「もっとうまくやったらいいのに」と思った感覚には，共通点があります。それは，いまの若者にアピールしたいならば，別の新しいかたちにしたほうがいい，という発想です。ただ，私はやはり，そうやって過去の遺物として片づけて終わりにできない何かを1960年代後半の学生運動に感じました。そのように片づけられない何かがあったのだから，あそこにまでいたる大きなできごとになったのではないか，という気がしてなりませんでした。

写真 2.3　1969年1月18日・19日の東京大学安田講堂攻防戦を伝える報道写真　安田講堂にたてこもる学生たちに，機動隊は催涙ガスや放水を向けた。（毎日新聞社提供）

母の青春時代

あそこまで，がどこまでをさしているのかという一例が**写真 2.3**です。この写真は，1969年1月18日から19日にかけて東京大学本郷キャンパスで起きたできごとを写しています。あとで詳しく説明しますが，この日までおよそ半年にわたって，東大の学生たちは大学執行部に異議申し立てをするために，授業をストライキし，安田講堂をはじめとする東大の各建物の占拠を続けていました。これに対し，大学執行部は学生たちをキャンパスから追い出して，大学の運営を平常に戻そうと，とうとう機動隊の出動を要請しました。そして，2日間にわたる攻防のすえ，機動隊は大量のけが人を出しながら学生たちを逮捕し，キャンパスから排除したのです。

このとき学生たちは，逮捕やけがの可能性があったにもかかわらず，いったいなんのために，どんな気持ちで，機動隊と攻防を繰り広げたのでしょうか。私の出発点は，当時の学生たちの気持ちを理解したい，ここまでの事態にいたった当時の学生運動とはなんだったのかを知りたい，という素朴な考えにあったように思います。

こうした関心の背景には，個人的な理由もありました。私の両親は，1947年から1950年のあいだに生まれた団塊の世代に属しています。学生運動が高揚した1960年代後半は，この団塊の世代が青年期を迎えた時期にあたります。私は母から，大学生時代，学生寮でともに暮らす仲間と，当時学生運動で歌われていた歌を歌いながら，肩を組んで通りを歩いたという話を聞いたことがありました。母は熱心な活動家学生ではなかったようですが，それでも青春時代の思い出としてこのことを話していました。その姿をみていたので，「デモ＋学生＝最悪」とは違った，もっと「いいもの」も，1960年代後半の学生運動にはあったのではないかという直観を私はもっていたわけです。

2 1960年代後半に多発した大学闘争

「大学解体」を訴えた東大闘争

大学院に入学した私は，こうした直観をとっかかりに，1960年代後半の学生運動をテーマに研究を始めました。しかし，一口に1960年代後半の学生運動といっても，各地でさまざまなできごとが起きています。そこで，当時の状

Column ④ 世界的な社会運動の時代としての 1960 年代

写真 2.4　1968 年 5 月 13 日，パリのダンフェール・ロシュロー広場の様子　フランスでは 1968 年 5 月，シャルル・ド・ゴール大統領の体制に抗議する労働者のストライキと学生運動が合流し，全国にストライキが広がった。五月革命と呼ばれる。（時事通信社提供）

本章は 1960 年代後半を扱っていますが，1960 年代は，全体をとおして世界のさまざまな国・地域で社会運動の多発・拡大がみられた，興味深い時代です。その背景には，東西冷戦，第二次世界大戦後の各国の経済成長，アジアとアフリカにおける脱植民地の動き，戦後に各国で誕生したベビーブーマー世代の若者たちの存在などがありました。

日本では，まず，1960 年に 60 年安保闘争が起きました。これは日米安全保障条約の再締結に反対する大規模な

況を調べながら，研究対象を狭めていくことにしました。

1960 年代は日本だけでなく世界各国で社会運動が活性化した時期だったので（Column ④参照），いろいろなことがおもしろそうにみえ，研究対象を狭めるのには少し時間がかかりました。ですが，最終的に，1968 年から 1969 年に日本で多発した，大学内で抗議活動が展開される「大学闘争」に関心が引き寄せられていきました。

大学闘争とは，学生たちが，学費値上げや学生会館の管理権などをめぐって大学執行部と対立し，授業ボイコットやストライキ，大学施設の封鎖や占拠によって，異議申し立てと要求を行った事態です。当時四年制大学で授業ボイコット・ストライキ・施設の封鎖占拠のいずれかが発生した大学は，1968 年で約 34%（127 校），1969 年には約 41%（153 校）に上りました。相当な数の大学で発生した大学闘争のなかでも，人びとの注目を集め，当時の学生たちに影

社会運動で，もっとも盛り上がったときには33万もの人びとが国会を取り巻いて抗議したといわれています。学生運動は国会突入などを行って注目を集め，日米安全保障条約の問題に人びとの目を向けさせました。

結局，日米安全保障条約は1960年に再締結されたのですが，そのために，1965年からベトナム戦争が激化した際，日本は米軍の補給基地や休養地の役割を果たすことになります。日本に直接関係がある戦争となったことで，各地のベトナム反戦運動に火がつきました。また1960年代後半は，米軍による軍政が敷かれていた沖縄の日本への「復帰」をめぐって，さまざまな抗議活動が起きた時期でもありました。東西冷戦を背景とするこれらの社会運動と直接・間接に関係をもちながら，1960年代後半に，学生運動全般がさらに拡大しました。

海外に目を向ければ，ベトナム戦争当事国のアメリカでは，ベトナム反戦運動と公民権運動が拡大し，学生たちが存在感を発揮しました。ドイツではナチス台頭を許した親世代に対する若者たちの批判から出発して，ベトナム反戦などが叫ばれ，フランスでは学生運動と労働運動の連帯がみられました。

さらに，音楽やファッションなどの対抗文化や，コミューンといった新しいライフスタイルが各国の若者たちを惹きつけもしました。文化的な抵抗が若者によって追求されたという点でも，1960年代は特筆すべき時代です。

響を与えたのが，日本大学で1968年に起きた「日大闘争」と，先ほども言及した，東京大学の「東大闘争」でした。

結論からいえば，私はこのうちの東大闘争について研究をしていくことになります。それは東大闘争に興味を引かれたからという理由もありますが，あとで説明するように，東大闘争の調査を始められる出会いがあったから，という実際的な理由も大きいものでした。

東大闘争は，医学部生のインターン制度反対運動から始まりました。当時のインターン制度では，卒業後に無資格無給での研修が義務づけられており，全国の医学生たちが第二次世界大戦後すぐから連綿と反対運動を続けていました。そのすえに東大の医学部では，1968年1月に医学部全4学年がストライキを始めたのです。

医学部のストライキの過程で，医学部教授会は，インターン制度反対運動に従事していた学生の大量処分を行いました。退学処分になった学生もおり，過去に例がないほど厳しい処分だっただけでなく，処分理由となった事件の現場にいなかった学生まで事情聴取なしに処分されるという，杜撰な処分でもありました。医学部生たちは処分に抗議して，本郷キャンパスにある安田講堂を占拠したのですが，大河内一男東大総長は医学部生たちを追い出そうと，1968年6月17日，機動隊を大学構内に呼び入れました。

当時の学生の感覚では，警察力をキャンパスに入れて学内問題の解決を図ることは，学外の権力による大学への干渉を大学自らが許したことを意味していました。簡単にいえば，機動隊導入は非常識な暴挙だったのです。医学部生の権利を訴えてきた学生たちに対して，総長をはじめとする大学執行部は，安易すぎる抑圧手段を選んだと，学生たちは受け止めました。そうして，機動隊導入をきっかけに，医学部を越え，他学部の学生のあいだにも，大学執行部に抗議しなければという機運が急速に広がっていきます。

7月，さまざまな学部の学生たちが集まって安田講堂を再占拠するとともに，「東大闘争全学共闘会議」（以下，東大全共闘）を結成しました。東大全共闘は大学執行部に対し，医学部処分白紙撤回，機動隊導入自己批判などの「7項目要求」を掲げ，授業のボイコットを無期限で続ける「無期限ストライキ」や，キャンパス内の建物を占拠して机や椅子で入り口を封鎖する「バリケード封鎖」を展開しました。10月には，東大の全10学部が無期限ストライキに入る事態にいたりました。

ラディカルな思想に惹かれて

東大闘争が長期化するなかで，東大全共闘の学生たちは次第に「大学解体」「自己否定」というスローガンを唱えるようになります。ここに込められた意味は「東大の建物を壊してしまえ」というような単純なものではありません。エリートと大衆のような社会的地位の上下を生み出す装置としての東大を否定する，東大で学ぶエリートとしての自分たちの立ち位置を問い直す，東大のなかで安穏として自分の研究に閉じこもり社会批判の精神を失った教員たちに反省を迫る……このような意味が込められていました。私が東大闘争に惹かれたのは，まず，こうした思想的なラディカルさが闘争のなかで生み出された点にありました。

東大闘争では，全学規模の無期限ストライキが約2カ月間にわたって維持されました。しかし1968年秋頃から，勉強したい，卒業したいといった理由から授業の再開を望むストライキ反対派学生たちが組織化を始めます。また，日本共産党の青年組織である日本民主青年同盟（以下，民青）の学生たちも，東大闘争が長期化するなかで日本共産党の指導を受け，ストライキ推進からストライキ反対へと態度を変えます。

民青系学生たちとストライキ反対派学生によって形成された闘争収束派が大学執行部と交渉を進めた結果，年が明けた1969年1月10日，学生代表団と大学執行部のあいだで，学生処分制度の改革方針などが盛り込まれた「10項目確認書」が取り交わされました。これと前後して，各学部でもストライキが解除されていきます。

しかし，このような解決方法では，エリートを生み出す東大は存続してしまいます。医学部の学生処分や機動隊導入を許した教員たちは，社会的な問題意識を取り戻したのでしょうか。問題は解決していないと考えた東大全共闘の学生たちは，あくまでキャンパスの占拠を続けました。そして，先ほど紹介した1969年1月18日・19日の安田講堂攻防戦へといたりました。

3　調べながら，問いを探す

東大闘争について調べ始めましたが，スタート地点で私が気になっていたのは，当時の東大生たちはいったい何を思って大学キャンパスを占拠していたのか，という素朴な点です。この時点での問いは「東大闘争とはなんだったのか」という非常に漠然としたものでした。そのため，より具体的な問いへと，問いを狭めていく必要がありました。

仮説検証型研究と探索型研究

問いを狭めるには，通常，2つの方法があります。1つは，研究テーマに関する先行研究や関連文献を多く読んで整理し，自分なりの仮説を構築し，その仮説を検証するために適切な方法でデータを集めて，分析し，結果を提示する，仮説検証型の研究です。本書はすべての章が第1節「研究のきっかけ」，第2節「事例の紹介」，第3節「何が知りたいか」，第4節「データとその集め方」，第5節「分析の仕方」，第6節「課題や限界点，注意点，悩み」という構成をとっています。この構成でいえば，仮説検証型の研究は，実際の研究プロセスでも，1と2→3→4→5→6と順番にたどります。

もう1つの方法が探索型研究です。この方法では，まずは調査を始め，並行して関連文献も読み，自分がぶつかったものから「何が意味のある問いか」を少しずつ探っていきます。本書の構成に照らせば，1と2がおそらく最初にあり，4→3→4→5→4→3……というように，常に調査（データとその集め方）に戻りながら，問いと分析を洗練させていきます。生活のなかで突然気になることがらに出くわして，思わず深入りしてしまうといったように，4から始まる場合も考えられます。私の研究は問いがみえないところから始まったわけで，自然と，探索型研究になりました。

ただし実際の研究は，仮説検証型と探索型にはっきり色分けできるものではなく，多かれ少なかれ両者の要素が混ざっています。それでも，自分はどちらのタイプの研究をしているのかを意識することによって，いま何をすべきかを明確にできるでしょう。

聞き取りから浮かび上がってきた3つの問い

次節で詳しくふれますが，東大闘争の参加者・関係者に会いに行き，その人の「生活史」を聞き取る，聞き取り調査を私は行いました。この調査からは，問う意味がありそうな，3つの問いが浮かび上がってきました。

問い①　東大闘争参加者はどのような社会的問題意識をもっていたのか

①は，聞き取り調査の結果を先行研究とつきあわせるなかでかたちになった問いでした。1960年代後半の学生運動について，先行研究は，政治的・社会的な要素は薄く，文化的あるいは心理的要因から起きた現象だと結論づける傾向にありました（小熊 2009a, 2009b; 竹内 1999）。たとえば，社会学者の小熊英二は，1960年代後半の学生運動は，1950年代から1960年代にかけての高度経済

成長によって日本社会が激変したために，若者たちがアイデンティティ・クライシスに陥り，その解消を求めた集団的な「自分探し」だったと論じています。

しかし，私が聞き取り調査で出会った東大闘争の元参加者たちの多くは，1968年当時の自分が抱いていた，貧困や教育，ベトナム戦争についての問題意識や東大への違和感をはっきりと語っていました。こうしたことから，私は1960年代後半の学生運動は，若者の自分探しのような，内面に焦点を合わせた行為とは限らず，社会に目を向けた学生たちによる政治的な意図をもった行為だったのではないか，と考えるようになりました。そこでまず，東大闘争参加者の政治的・社会的な問題意識を明らかにすることにしました。

問い②　東大闘争参加者はどのような運動をつくりあげたのか

社会に目を向けた学生たちによる，政治的・社会的な問題意識にもとづいた運動として東大闘争をみていくことに決めると，次に問題になるのは，東大闘争に参加した学生たちは，具体的にはどんな目標のもとに，どのような要求や抗議内容を訴えたのか，ということです。

また，東大闘争参加者への聞き取り調査をするなかで，学生たちが社会運動のやり方についてもたくさんのことを考えていたということもみえてきました。指示系統とリーダーが明確な上下型の組織がいいのか，それとも参加者がそれぞれ主体性を自由に発揮できる水平型の組織がいいのか。社会を変えるには国家の体制や法律を変えることを優先すべきか，それとも自分たちのあり方を見直すことを出発点とするべきか。学生たちの問題意識は，東大闘争での要求事項や抗議内容に反映されるだけでなく，その要求や抗議をどのように大学に向けて表明していくかという，運動の方法をつうじても表現されていたのです。そこで問い②では，学生たちの目標を明らかにすると同時に，その目標を実現するために採用された運動のスタイルの特徴も明らかにしたいと考えました。

問い③　東大闘争の歴史的意味とはなんだったのか

東大全共闘の要求は，大学執行部には受け入れられませんでした。最終的にはキャンパスから排除された東大全共闘の学生にとって，東大闘争は「敗北」で終わったはずでした。しかし，聞き取り調査で出会った元参加者たちは，当時のことを苦い経験として記憶しているばかりではなさそうでした。「その後をどう生きたかが大事だ」と語り，東大闘争の記憶や，闘争をつうじて得た仲間や価値観，考え方を大事なものとして携えながら，東大闘争以後も，仕事や家庭，地域社会，社会運動など多面的な生活を営んできた人たちに，私は出会いました。

そこで，東大闘争の帰結を単なる学生たちの敗北として捉えることは，いったんやめることにしました。そして，成功（目標や要求の実現）と失敗（目標や要求が実現できず）以外の，社会運動の意味や遺産を評価する軸を自分なりにみつけながら，東大闘争の歴史的意味を論じていきたいと考えました。

4 生活史の聞き取りへ

歴史的な社会運動に関するデータは，文書資料やモノ資料，口述資料などの一次資料，また新聞，雑誌，手記といった書籍や，大学史，市町村史などの二次資料の両方から得ることができます。いずれも調査研究の大事な要素ですが，ここでは私の研究でメインとなった口述資料を中心に説明していきたいと思います。

当事者の経験を聞き取る

社会運動の口述資料には，まず，当事者や関係者からテーマに関するできごとや経験だけを聞き取るインタビューから得られる，オーラルヒストリーがあります。東大闘争であれば，東大闘争が発生した1968年から1969年にかけてのできごとのみを聞き取ります。

もう1つのタイプとして，社会運動だけでなく，当事者・関係者の人生全体を聞き取る生活史があります。生活史とは，ある社会問題や歴史的事件に関わる人びとの人生を，社会–歴史的文脈やマクロな社会構造との関連から，記述し，分析する手法です（有末 2012; 岸ほか 2016）。具体的には，対象事例となる社会運動に関わった方に聞き取り調査を依頼して，その方の幼少期から現在までの人生を聞き取ります。

実際の調査では，東大闘争についてのみ話を聞きたいと思って元参加者を訪ねた場合も，東大闘争に参加した動機を説明するために中高生時代の先生との出会いが語られたりと，この 2 つは厳密に分けられない場合が多々あります。それでも，「この人に話を聞いてみたい」と思って連絡をとる際には，何をどこまで聞きたいのかを明確にしてから，聞き取りへの協力を依頼する必要はあるでしょう。

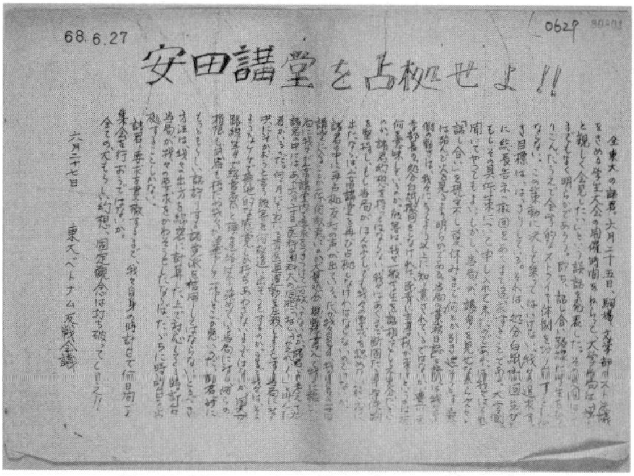
68.6.27
安田講堂を占拠せよ!!
六月二十七日　東大ベトナム反戦会議

写真 2.5　東大闘争中に，大学院生のグループ「東大ベトナム反戦会議」が発行したビラ（1968 年 6 月 27 日付け「安田講堂を占拠せよ !!」国立歴史民俗博物館所蔵「東大闘争資料」から）

アーカイブズに行ってみよう

次で説明するように，私は聞き取りを中心とした研究を選びましたが，文書資料やモノ資料も歴史的社会運動を研究する際の重要な一次資料です。文書資料は，具体的には，社会運動組織や関連組織が発行したビラやパンフレット，会議録等の内部資料といったものを指します（**写真 2.5**）。モノ資料には，デモや集会で使用したヘルメットや旗，配布していたバッジやステッカーなどが含まれます。こうした社会運動の文書資料とモノ資料を収集し，保管しているのが，各地の社会運動アーカイブズです。たとえば，東京の立教大学共生社会研究センター，大阪のエル・ライブラリー（大阪産業労働資料館）などです。ほかにも，多くの博物館で，研究目的の利用者に所蔵資料を公開しています。

くわえて学生運動の場合には，近年さまざまな大学で大学アーカイブズの整備が進んでいます。大学資料館，史料室，文書館など，名称はさまざまですが，そうしたアーカイブズに，卒業生や退職した元教員が，その大学の学生運動の資料を寄贈するケースも増えてきました。ゼミの報告や卒論で学生運動を扱いたいと思ったときには，まず自分が通う大学にアーカイブズがないかを調べ，訪ねてみるのもよいでしょう。

縁で始まった聞き取り調査

私は，東大闘争について聞き取りをしてみようと考えました。先行研究を見渡すと，1960 年代後半の学生運動に関して，当事者への聞き取りを中心とした研究はほとんどされてこなかったようなので，新しい視点が得られるのではないかと考えたためです。

そのとき最初に連絡をとったのが福岡安則さんでした。福岡さんは，東大闘争経験者で，ライフストーリー（生活史に近い手法だと，ここでは考えてください）の聞き取りを専門とする社会学者でもありました。大学院での私の指導教員が，福岡さんの存在を教えてくれました。そこでインターネットで名前を検索してみると，福岡さんが当時運営していたウェブサイトがヒットしました。そのなかの自己紹介欄で，じつに明るい調子で，東大闘争についてふれられていたと記憶しています。私は，東大闘争に参加したことを堂々と公表している社会学者の福岡さんなら，最初の聞き取り対象者としてぴったりなのではないかと考えました。

いま思えば実に安易な考えでしたが，幸運なことに，福岡さんはその後，ご自分の友人や知人を紹介してくれ，そこから聞き取り調査が続いていくことになります。多くの聞き取りでは，福岡さんも同席し，2 人で聞き取りを行いました。

これから実際の聞き取り調査や分析の方法について説明していきますが，福岡さんから教えてもらったことがたくさん含まれています。聞き取り調査を始めたのは 2013 年で，福岡さんは長年勤めた埼玉大学を退職した直後でした。時間的余裕が生まれ，人生の転機として大切に位置づけてきた東大闘争について，私といっしょに振り返りたいと思われたのではないでしょうか。社会調査には，このように，まさに「縁」と呼ぶべき，タイミングが重要な出会いがあるように思います。

生活史を聞く意味

福岡さんから「東大闘争について知りたいならば，参加した人の人生全体を聞き取らないと」と助言を受け，私は「そういうものか」くらいの気持ちで，生活史の聞き取りを選びました。この言葉の意味をちゃんと理解できたのは聞き取りを重ねたあとでした。過去の社会運動について当事者の生活史を聞き取ることには，2つの意味があるようでした。

1つ目は研究者にとっての意味です。アメリカの社会学者C. ライト・ミルズは，社会学特有の考え方や発想方法を「社会学的想像力」と呼び，社会学的想像力は「歴史と個人史とを，さらには社会のなかでの両者の関わりを洞察する」（Mills 1959=2017: 20）と述べています。「個人と歴史，そして社会における両者の交差という問題に立ち戻ることなくして，社会をめぐる研究はその知的冒険を全うすることはできない」（Mills 1959=2017: 21）とも，ミルズは書いています。生活史では，1人の人が人生のなかで経験する大小さまざまなできごとが，社会と歴史の長期的な流れからいかに形成されているのかを，当人から直接聞き取ることによって理解することができます。まさにこの社会学的想像力を磨くことができる調査方法といえます。

生活史を聞き取るもう1つの意味は，当事者にとってのものでした。東大闘争に参加したのは，当時大学1年生から大学院生まで，その多くが10代後半から20代までの若者でした。一部の元参加者は東大闘争の経験や問題意識を出発点として，1970年代以降現在にいたるまで，ほかの社会運動に関わったり，職業人や地域で暮らす生活者としておかしいと感じたことには声をあげる姿勢を貫いていたりしました。東大闘争をきっかけに，生き方が変わった人たちがいたのです。こうした元参加者にとって東大闘争とは，その後の人生をどう歩んだかまで説明せずには，語りきれるものではなかったのです。

「どんな人に何人聞くか」問題

福岡さんと出会ったことによって，聞き取り調査は順調に滑り出しはしましたが，続けるなかでの紆余曲折はもちろんありました。とくに，「どのような人から，何人くらい生活史を聞き取れば，十分なデータが得られたといえるかがわからない」が難題でした。

社会運動は，運動組織の中心メンバーだけでなく，デモや集会に1回きりだけ参加するような周辺的参加者がいなくては成り立たないものです。当然両者に聞き取りをすることが望ましいのですが，デモに一度だけ参加した人を追跡して調査を依頼することは，通常困難です。

また，東大闘争では，大学執行部に抗議するためにストライキを進めた東大全共闘や民青の学生たちに対し，ストライキに反対していた学生たちがいました。東大生ではないけれど，他大に通う活動家学生で，東大に出入りしていた人もいました。大学執行部に異議申し立てした東大生に限定すると，このような，別の意味での「東大闘争当事者」がみえなくなってしまいます。

結局，この問題については，語り手の属性（学部，学年，所属していた学生運動組織，リーダーかそうでないか）と東大闘争での立場（全共闘派か，全共闘と対立しながら大学執行部に異議申し立てをした民青派か，ストライキ反対派か，共感的傍観者か，無関心な傍観者か）に留意しながら，多様な属性と立場の元学生たちから生活史を集められるように，語り手の数を増やす，という姿勢をとることによって対応するしかありませんでした。

語り手の数を増やすためにとった方法は，いくつかあります。まず，最初の語り手である福岡安則さんに，友人や知人を紹介してもらい，聞き取りへの協力を依頼しました。次に，福岡さんの紹介で聞き取りをした方に，友人知人を紹介してもらうこともありました。ほかに，関連する研究会や集会に足を運び，そこにいた人に直接依頼したこともありますし，手記を読んで，著者に手紙を送ったこともあります。

いずれにしても，研究が目的だからと，聞き取りを無理強いすることはできません。ある人が聞き取りに協力したくないと感じる理由は，健康上の理由，つらい体験だった，研究の材料にされることに抵抗がある，などたくさん考えられます。失礼がないようにていねいに依頼した場合でも，相手の考え方次第で，協力を断られる可能性は十分にあるのです。もしあなたが聞き取りを断られたとしても，誠実に協力を依頼していたならば，落ち込む必要はないと私は考えます。「断りたい」という，相手の気持ちをそのまま受け止めることが大切です。むしろ，忙しい毎日のなかで聞き取りに応じてくれた人たちへの感謝

CHART 図 2.1 実際に送った聞き取り依頼のメール

差出人: Kosugi, Ryoko [redacted]
件名: 東北大学大学院生の小杉亮子と申します。
日付: 2014年8月1日 15:32
宛先: [redacted]

突然メールを差し上げる失礼をお許しください。
わたしは東北大学大学院文学研究科で社会学を学んでおります、小杉亮子と申します。
[redacted]様のメールアドレスは、[redacted]さんに教えていただきました。
[redacted]様にわたしの研究へのご協力をぜひお願いしたく、ご連絡させていただいた次第です。

わたしは現在、博士課程後期4年の大学院生で、1960年代の学生運動の研究をしています。
とくにいまは、1968‐69年の東大闘争をメインテーマに、
闘争に関わった方々への「聞き取り」に力を入れて、調査研究を行っています。

東日本大震災以降、少しずつ状況は変わってきていますが、
1980年代以降いまに至るまで、わたし自身の世代も含めて、
日本の若者は政治的に活発ではないと繰り返し言われてきました。
このように若者が言われてしまう「現在」へのヒントを得るため、
1960年代の学生たちがなぜあそこまで運動できたのか、
そもそも1960年代の学生たちの運動とはどういうものだったのかを
知りたいという初発の動機から、これまで研究をしてまいりました。

これまでの東大闘争にかんする調査では、全共闘‐新左翼系の学生たちだけではなく、
当時の教官や助手、民青、傍観者的に過ごしていた学生など、
さらには東大に限らず、当時のブントに詳しい方などにもお話を伺ってきました。
[redacted]さんにも4月にお話を伺ったのですが、
その時に[redacted]様を「当時や1970年代以降の[redacted]のことを聞くなら」とご紹介いただきました。
突然このようことを申し上げて恐縮ですが、
[redacted]にとっての1960年代の学園闘争や東大闘争、学生運動の位置づけなどについて、
また[redacted]様から見た東大闘争やそのほか1960年代から1970年代の社会運動などについて、お話をお聞かせ願えないでしょうか？

（注） 宛先は，聞き取りを行った東大闘争元参加者に紹介してもらった人物。東大生ではないが，当時の学生運動を知るのに重要な立場にあったため，会いに行った。

の気持ちを忘れないでいることのほうが大事でしょう。

アポ取りから聞き取りまで

聞き取りの依頼は，多くの場合，E メールで行いました。手紙や電話，ファックスのほうがよさそうな場合には，もちろんそちらを使って依頼したほうがいいでしょう。私が連絡をとったのは，ほとんどが元東大生のいわゆる「インテリ」の皆さんで，高齢でありながらインターネットを使いこなしている方ばかりでした。そのため，お互いにE メールが一番適当な連絡手段だったのです。

E メールには，この調査研究の主旨や東大闘争に関心をもつ理由，聞き取った生活史を博士論文に使う予定であることなどを書きました（図 2.1）。聞き取りを引き受けてもらえたら，調査に出発です。当時住んでいた仙台から，東京や千葉，埼玉，北陸や東海，関西など，さまざまなところに出かけました。

聞き取りでは，まず，子どものころの家庭環境や好きだった遊びを尋ねます。次に，中高生時代の印象深いできごと，影響を受けた教師，社会・政治への関心の芽生え，進路選択の理由，大学入学後の経験，サークル活動などについてうかがったうえで，いよいよ東大闘争に入ります。東大闘争については，時間の経過にしたがって，重要な事件を押さえながら，ていねいに聞き取ります。その後，闘争後の大学生活，大学を出たあとの歩みなどについて聞きました。

1回の聞き取りは平均で4時間ほどかかりました。1人の人の人生をうかがうのに，4時間はけっして十分な時間とはいえませんが，語り手・聞き手ともに集中力が保たれているあいだに，しっかり調査を終えることも重要です。聞き取りの記録としては，簡単なメモもとりましたが，基本的には，語り手に断ったうえで，ICレコーダーを使って録音しました。

「生」とふれる聞き取り調査

よい聞き取りができたあとは，「あー，おもしろかった」と心地よい充実感を感じました。これは，新しい世界を探究し，知的好奇心が満たされたからでもあります。しかし，それより大きかったのは，当事者のお話を直接聞くことで，思考も心も刺激されたという感触でした。アーカイブズに保管されているビラにしろ，当事者の語りにしろ，人は「生(なま)もの」に出会ったとき，ドキドキワクワクし，アイデアがわくのだと思います。

当たり前ですが，聞き取りは，東大闘争という歴史的事件を実際に生きた人と対面して行う調査です。語られる情報だけでなく，語り手の生身の姿や表情，声，立ち居振る舞い……そうしたものにふれざるをえません。だからこそ，語り手の経験が生々しくこちらに迫ってきます。私の目の前にいるのは，私がまだ十分には理解していない，奥行きある歴史の流れを生きてきた語り手であること，聞き手として，この人から話を聞いたからには東大闘争にちゃんと向き合う責任があるということを，聞き取りを続けるなかで，身体的に理解していったように思います。

聞き取りの現場で「生」にふれることによって生まれるのは，このような自分自身の気持ちの揺れ動き，語り手の印象，ちょっとした着想などさまざまです。これらを，聞き取り終了後のできるだけ早いタイミングで，その日の調査内容の簡単なまとめとともに書き残しておくことをおすすめします。分析に行き詰まったとき，このメモを読み直すことによって，聞き取りの現場にいた自分にいったん戻ることができますし，そこから次のアイデアが得られることもあるはずです。

5 語り手からみた世界を探究する

聞き取りを始めて1年半近くたった頃，1つの区切りがやってきました。大学院の卒業を意識するようになり，博士論文の締め切りから執筆に必要な時間を逆算しつつ，調査に一段落をつけたいと考えるようになったのです。この頃には44人の東大闘争参加者・関係者への聞き取りを終えていました。内訳は，東大の学生あるいは大学院生が35人，教員が5人，他大学生が4人です（いずれも東大闘争当時）。この数字は，東大闘争の当事者のほんの一握りでしかないでしょう。しかし，当初の漠然とした疑問「東大闘争とはなんだったのか」の答えがみえてきている，という感触がありました。そこで，聞き取りはいったんお休みし，分析へと軸足を移すことに決めました。

東大闘争参加者の問題意識とその時代的背景：問い①への答え

分析を始めるにあたって，まず，語り手ごとに録音データの音声起こしを行いました。4時間分の録音データを起こすには，16時間から20時間ほどかかります。これを44人分やるのには大変な労力と非常に長い時間が必要です。そのため，聞き取り調査直後に整理したメモをもとに，要点部分の録音データのみを起こした語り手や，録音データを再度聞くにとどめた語り手もいました。

音声起こしは，大量のワード文書になります。このワード文書をそのまま分析する手法もありますが，私は，ワード文書を編集して分析する手法を選びました。編集とは，この場合，「あー，えー」といった言い淀みや言葉の繰り返し，意味が通らない表現を削りながら，重要な語りを残して少しずつそのほかの部分を削除し，ときに順番を入れ替える，といった作業を指しています。個々の語り手について，原稿がA4で12～20ページくらいになるまで，こうした作業を繰り返し，語り手の人生を，まるでその人自身が語る 1 つの物語のように読めるようにしました。このように語り手が語る人生をまとめることによって，たとえば 1968 年に東大闘争に参加した動機や日本社会への違和感が芽生えたのが，人によっては小学生時代にまでさかのぼるといったことがみえてきました。

同時に，戦後史を勉強し，東大闘争参加者が生きた時代に起きた国内外の社会的・政治的事件や社会運動をまとめた年表を作成しました。最終的に，「1940 年から 1975 年までの社会情勢・社会運動・学生運動をまとめた年表」「1968 年から 1975 年までの東大闘争の経過と社会情勢を詳しくまとめた年表」「1960 年から 1969 年までの海外の社会運動と学生運動をまとめた年表」という，3 種類の年表ができあがりました。

環境社会学者の舩橋晴俊は，環境問題や公害を念頭に「詳細な年表の作成は，実証的な事実把握を支援する技法」（舩橋 2012: 46）であり，「そこから問題に対する包括的視野にもとづく理解が生まれ」（舩橋 2012: 46）ると，調査研究の手法として年表作成を推奨しています。この指摘のとおり，年表が発揮する視覚的効果は絶大です。東大闘争参加者の歩みと，戦後日本の社会的事件や政治の変化を，同時に通覧できることによって，両者の影響関係が想像できるようになります。それは，たとえば次のような語りの解釈に活かされました。なお，これから聞き取りで得られた語りを紹介していきますが，引用中の［　］は前後の文脈から推察して私が補った部分であることを，……は途中の語りを省略していることを，それぞれ表しています。

D　担任の先生が社会問題についての小テストみたいのをやったんだよね。受験勉強になんにも関係ないんだけど。戦後民主主義の先生たちは燃えてたんですよ。女の先生で，とくに優秀な先生だったと思う。「安保なんとかとはなにか」とかいう質問に，総理大臣がこうしてああして，学生がそれに反対して，デモをしているとかって書いた覚えがある。
――それは点数がつくんですか？
D　そんなに細かい点数はつかなかったけど，丸［がつけられる］ぐらいだったと思うけど。

1947年生まれの語り手Dが語っているのは，小学校6年生のとき，つまり1959年ごろに受けた授業のエピソードです。「安保なんとか」は日米安全保障条約を指し，それを説明せよというテスト問題が出たそうです。この時期，翌1960年の日米安全保障条約再締結を控え，それに反対する60年安保闘争が開始されていました（Column ④も参照）。

この語りからは，小学校の教室で教えられるほどにまで，人びとのあいだに日米安全保障条約への関心が高まっていたことがうかがえます。東大闘争参加者が義務教育を受けたころの教師たちが，教室で積極的に社会問題を教えていたこともわかります。より重要な点として，教師の姿勢には，戦後の民主化のなかで推進された，子どもを自律的な市民へと育てようとする教育界の動きの影響が感じられます。これと類似したエピソードがほかの語り手からも聞かれたため，戦後の教育が，東大闘争参加者のあいだに権威への反骨精神や社会問題への関心を育てたということがわかりました。

また，貧困な状態を生きる人びとの暮らしが身近にあり，気がかりだったという語りも，複数の語り手から聞かれました。こうした語りからは，1960年代の高度経済成長以前の日本社会では，貧困がいまよりも可視的だったこと，そのため東大闘争参加者にとって，社会的格差への疑問や怒りが生じやすい状況だったことがわかりました。ほかにも，太平洋戦争が親や地域に残した爪痕を知るからこそのベトナム戦争への反対意識，当時社会主義運動が盛んだったことによる青年期での社会主義運動への接近など，日本の社会-歴史的文脈が形成した，学生たちの問題意識が複数浮かび上がってきました。

異議申し立てを行った3グループの学生たち

では，複数の社会的な問題意識をもっていた学生たちは，東大闘争で具体的には何を目標として，どのような運動をつくったのでしょうか。聞き取りをするなかでわかってきたことは，大学執行部に対し，医学部の学生処分や機動隊導入について異議申し立てし，ストライキを実施するという方針は，学生たちのあいだで共通していたものの，学生たちは目標や行動原理の点で一枚岩ではなかったということでした。

CHART 図2.2　東大闘争の対立構造と異議申し立てした3つのグループ

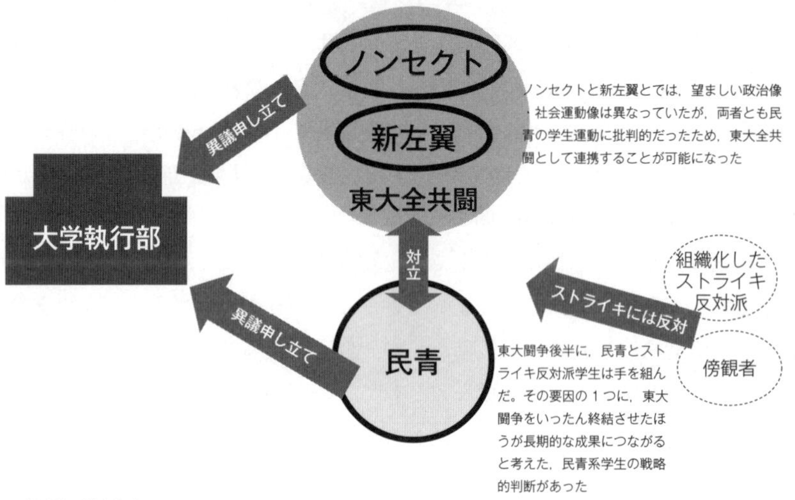
ノンセクト
新左翼
東大全共闘
ノンセクトと新左翼とでは，望ましい政治像・社会運動像は異なっていたが，両者とも民青の学生運動に批判的だったため，東大全共闘として連携することが可能になった
異議申し立て
大学執行部
対立
異議申し立て
民青
ストライキには反対
組織化したストライキ反対派
傍観者
東大闘争後半に，民青とストライキ反対派学生は手を組んだ。その要因の1つに，東大闘争をいったん終結させたほうが長期的な成果につながると考えた，民青系学生の戦略的判断があった

（出所）筆者作成。

学生たちは，大まかには，3つのグループに分けられます。第1に，ノンセクトとよばれる，どの左翼政党・党派とも距離をおきながら学生運動にはアクティブに参加する学生で，かれらは東大全共闘に参加しました。第2に，後述する「新左翼」の党派のメンバーだったり親近感をもっていたりする学生たちで，かれらもやはり全共闘に参加しました。最後に，日本共産党に指導を受ける青年組織の日本民主青年同盟（民青）のメンバーあるいは支持者の学生たちです（図2.2）。

3つのグループが存在した背景には，近代日本の社会運動の歴史がありました。まず，日本の学生運動は戦前から一貫して，社会主義思想を自分たちの中心的思想として位置づけており，学生運動と社会主義運動・共産主義運動は近接し，重なり合っていました。学生運動は太平洋戦争中に政府の弾圧によっていったんは壊滅状態に陥りましたが，戦後に復活した際にも中心的活動家の多くを日本共産党員が占めており，これ以降，学生運動は共産党と密接な関係をもつことになります。

社会主義運動・共産主義運動は，学生運動だけでなく，戦後日本の社会運動全体を主導していました。しかし，1950年代後半になると，戦後の民主化や経済成長に柔軟に対応できていない，運動を牽引する日本社会党と日本共産党が組織的に硬直しているなどといった複数の理由から，その限界が指摘されるようになります（高畠 1977）。

学生運動では，1956 年頃から日本共産党から離れる民青系の学生活動家や，そもそも民青とは関係ないところで社会主義運動を立ち上げようという若者たちが登場し，のちに「新左翼」と総称される，新しい社会主義運動・共産主義運動をめざすさまざまな小党派を形成していきました。さらに，60 年安保闘争の頃からは，もはや社会主義運動・共産主義運動とは根本から異なる学生運動をつくりたいと考える，ノンセクトの学生たちも登場し始めていました。

共産党が指導するものが唯一の学生運動だった時代が終焉を迎え，学生運動の新たな方向性が模索されていた時期に発生したのが，東大闘争でした。結果として東大闘争では，大学執行部への異議申し立てと同時に，これからの学生運動のあり方も，3 グループの学生たちにとっての重要なテーマとなりました。それぞれが望ましいと考える社会運動像が反映されたために，東大闘争での目標とそこに向けた組織づくりや手段は 3 グループ間で異なるものとなりました。

予示的政治と戦略的政治の対立：問い②の答え

私は，この事態を，予示的政治と戦略的政治という，普遍的な社会運動の原理の対立として解釈しました。予示と戦略とは，耳慣れない言葉かもしれませんが，予示的政治とは，遠い理想や目標を設定せずに，運動のなかの実践や仲間との関係性のつくり方を工夫し，「いま，ここで自分たちがやっていること」をとおして自分たちが望ましいと考える社会の姿をあらかじめ示すことをめざす社会運動のあり方をさします。そこでは，目的に向けた合理的かつ効率的な行為よりも，参加者みんなが尊重される議論をつうじて決められた行為が重視されます。

これに対し戦略的政治は，国家の体制や法律，経済といった大きなレベルでの変化を重視し，最終的な大目標に向けて，段階的に中目標や小目標を達成していくことをめざします。このとき，1 つひとつの社会運動や抗議活動は大目標達成のための手段として位置づけられており，このような戦略的思考に戦略的政治の特徴があります。また，社会体制に影響を及ぼすためには，明確な指示系統と大人数のメンバーを備えた組織をつくることも必要だと考えられます。

予示的政治と戦略的政治は，東大闘争に限らず，ほかの社会運動にもみられる運動の原理です。2つのあいだに優劣はありません。戦略的な行動も，明確な指示系統も，ときに目標達成のためには必要です。同時に，理想の社会を遠くにおいて，そこをめざすあまりに自分を見失っては元も子もないので，目の前の「いま，ここ」に目を向けることも大切です。このように，予示的政治と戦略的政治は，対立関係にあるだけでなく，お互いに補い合う関係にもなれます。そのため，社会運動では，1つの組織や1人の参加者が2つの運動原理を持ち合わせて，両者を使い分けることも十分起こりえます。

しかしながら，東大闘争では，戦略的政治をより望ましいと考える民青と新左翼，それを批判し，異なる学生運動を模索しているために，自然と予示的政治に強く惹かれることになったノンセクトというように，学生のあいだで分裂と対立が起きていました。

語りにみられる予示と戦略の対立

では，予示的政治と戦略的政治の対立が，具体的には，東大闘争での目標や手段にどのようにして表れたのかをみていきましょう。

まず，ノンセクトの学生たちが東大闘争で求めたのは，誤認に基づく医学部の学生処分を放置し，抗議する学生を排除するために機動隊をキャンパスに入れた大学執行部とそれを批判しない教員たちから，謝罪と反省の言葉を聞くことでした。社会的権威として存在する東大で，教員たちは知識人としてもつべき社会批判の精神を失っていると批判し，教員たちに認識・態度の変更を迫ったのです。この要求は，返す刀で，東大で学ぶ自分たちにも突き刺さるものでした。やがてノンセクトの学生たちは，将来のエリートである自分たちの社会的位置づけも疑問視するようになり，自分のあり方を変えることから，社会を変えていこうと考えるようになります。このとき唱えられたのが，最初にふれた「大学解体」「自己否定」のスローガンでした。

こうしたことは，たとえば，「東大闘争で達成したい目標はなんだったか」という私の問いに対するノンセクトの学生Fの答えに見て取れます。語りのなかに出てくる「団交」は，学生たちと教員たちとのあいだでもたれた「大衆団体交渉」の略です。

F　やっぱり，素朴になんで大学は素直に過ちを認めて，やんないのかな，ということのほうが［獲得目標より重要だった］ね。誰でも自分の［立場や仕事といった］ことが絡めば思いどおりにいかないっていうのはあるだろうけど，少なくとも大学っていうのは一般社会の組織よりは理屈みたいなものでちゃんとやるべきじゃないの。……団交とかそういうときって［教員は］みんなそうなんだけど，それまで講義とか本とかで多少はかっこいいことを言ってるはずなのに，なんなのっていう情けなさっていうか，そういうのがね［幻滅させましたね］。

教員の態度・認識や，自分たち学生が社会に向き合う姿勢，大学という場などの「いま，ここ」での変化を大事にするノンセクトに対し，民青は社会主義革命という大目標を常に意識しながら，大きな政治的変化につながる一歩として大学改革を位置づけ，具体的な成果を獲得することによって，それを実現しようとしていました。そのために，交渉やある程度の妥協，考えを異にする学生たちとの連携などを，戦略的に選択してもいきました。たとえば民青の学生Tは次のように語り，多少の妥協があったとしても具体的な改革案を生み出した民青の行動を評価し，「教員たちのあいだに態度・認識の変化がみられないうちは改革案が出されても意味がない」と主張した全共闘の学生たちを批判します。

T　［民青系・ストライキ反対派学生たちと大学執行部とのあいだで，交渉の結果，1969年1月10日にとりかわされた，十項目］確認書っていうのは簡単にいうと，それまで［大学が］もっていた親分子分的な位階制に対して，要するに学生と教員はある種の契約関係であると［いうことを認めたものです］。……だから，それぞれ要求が違う。［確認書に書かれている，大学において学生が］「固有の権利をもってる」ってのはそういう意味であって［学生が権利をもっていると認められること自体が画期的なことだった］。……それは単なる［東大闘争を早期に収束させるための］収拾策動だというのが全共闘の諸君の言ってることだけども，どういう代わるべきものがあったのか。全共闘の諸君はどういう収拾であればいいのか。

さらにノンセクトと民青は，自分たちの目標を実現するためにはどのような手段や組織形態がふさわしいか，という点でも真正面から対立しました。民青の学生たちは，社会体制に大きな変化を引き起こすという最終的な目標達成のためには，政党組織のように，責任の所在と指示系統が明確な上下型の組織が必要だと考えていました。そちらのほうが多人数で効率的に動くことが可能だからです。

対してノンセクトの学生たちは，上下型組織は参加者の主体性を奪い，ひいては，己のあり方を含めた「いま，ここ」で大事な問題から目を背ける契機になりかねないと考えました。かれらが理想としたのは，水平型で，お互いの意見に耳を傾けながら，自分たちのなかに理想の関係性を築けるような，小規模な集団でした。たとえば，大学院でストライキと建物占拠をしていたVにとっては，自分たちのグループのなかで闘争のやり方をていねいに話し合ったことこそが，東大闘争のおもしろさでした。

V　たとえば［文学部の］大学院では研究室を封鎖してますね。そこで麻雀が行われたりするわけですよね。「［麻雀をしていて］いつもちゃんと活動してるわけじゃない。ああいうことはどう考えるんですか」って，女性がポロッと言うわけですよ。「まあ，それは仕方がないか」というふうに話がスーッと収まるときもあるけども，「ちゃんと考えよう。俺たち，いったいなんでここ封鎖してんだ」ってなって，「だけど，麻雀を全然しないというのも変。そんな四角四面にはしたくない」「だけど，明らかに麻雀のためだけに来てるって見える場面もいくつもある」っていうふうにして［いろいろ意見が出て］。「だけど，どういうふうに規則を決めるんだ」って［いう話の流れに今度はなると］，たしかに麻雀は学問と直接関係もない。だけど“俺たち，［この場が］学問のためだけっていうようなことはここではちょっと否定したいよな”っていう気持ちあるじゃない。もう一方ではバンド流行ってたりすると，ベースを運んできて［演奏を］やったりする。それもやっぱりやっちゃいけないことかなっていうと，それはどうだろうっていう感じで，めぐりめぐって，ああでもないこうでもないと言いながら。1回目だと結論は出さないで，「じゃあ，来週までみんなそれぞれ各学科単位で［議論を］やって」という話をして。

……そこに出てくるメンバーは20人ぐらいかなあ。影のようにして言う者もいるし，正面切って「その問題，俺しゃべりたい」と言うのもいるけど，その20人のものの考え方が少しずつ，ちらってこう浮かび上がる。それがとってもおもしろいの。

新左翼の学生はどうだったのでしょうか。新左翼のなかにはグラデーションがあり，ノンセクトに思想的に近い党派も，逆に民青に近い党派もありました。ノンセクトと新左翼は東大全共闘として連携してもいましたが，その連携を可能にしたのは，両者に共通する民青への強い批判意識と，この新左翼のグラデーションです。ただし，社会主義革命という大目標に向けた一段階として東大闘争を位置づけ，大目標を達成するために上下型の党組織をつくる点で，新左翼の発想は民青と共通していました。ノンセクトと新左翼の学生たちもこの点は認識しており，自分たちを区別して考えていました。

東大闘争の遺産とは

東大闘争は，予示的政治と戦略的政治の対立として表れた，望ましい社会運動のあり方を探求した学生たちの冒険であり苦闘だったと，私は解釈しました。それでは，この東大闘争にはどのような歴史的意味があるでしょうか。研究の最後の段階として，問い①②の結果をふまえ，考察していきました。

過去の社会運動の歴史的意味は，おおまかに分けて，2つの視点から考えられるように思います。どちらの視点をどれだけ重視するかは人それぞれでしょう。研究者の個性や社会運動の歴史への姿勢が発揮される部分です。

第1の視点は，社会運動が達成した成果と，その反面でもっていた限界を冷静に検証し，成果と限界の原因を探ることによって，これからの社会運動の参考にしていこうというものです（松井 2019）。この場合，社会にとっての成果と参加者にとっての成果を分けて考えることがいったんは必要です。

社会にとっての成果については，東大闘争をはじめとする1960年代の学生運動は国家規模の政治に大きな影響は与えなかった，という見方があります(安藤 2013)。この指摘は妥当だと私も考えています。

では，参加者にとっての成果はどうでしょうか。それは，東大闘争で得られた仲間や価値観，問題意識でした。私が出会った多くの語り手は，東大闘争を，その後のさまざまな社会運動との関わりや社会的実践の出発点として位置づけていました。たとえば，東大闘争でノンセクトとして活動した医学部生は，卒業後，精神科医の道を選び，地域で精神科のクリニックを開業するだけでなく，精神障害者のための通所・職業訓練施設を開きました。

PP ［精神科医の道を選んで］何がよかったのかっていうと，精神科って一番社会と接点があるんですよ。精神科の患者さんってやっぱり貧しい方が多い。結果として，貧しくなっちゃうってことが多いと思います。あとは，貧しくて心にゆとりのないとか，生活にゆとりのない人が精神的な問題にはなりやすいですから。……そういうもの［に］触れるっていうことは，自分なりに運動が引き続きできるっていうこと［なので］，すごくよかったと思います。……10年前に医療だけではやり切れないところを［カバーするために］，患者さんの仕事に就くための訓練とか［をやる］中間的な施設をつくりまして。［予定地の］地元で反対運動があって，つくるまでには5～6年ぐらいかかったのかな。普通の人だったらもうやめちゃったと思うんですけど，私は東大闘争の経験があったので。昔の大衆団交のまったく逆で［今度は私が住民の抗議の矢面に立ちました］。

こうした語り手の姿からは，社会運動では，当初の目標が達成されなかったとしても，運動参加者が運動経験をほかの場に当てはめて生きていくことによって，なんらかの影響を社会に及ぼしていくというダイナミズムがあることもわかります。

理想を追求する人びとの姿：問い③への答え

社会運動の歴史的意味を考える第2の視点は，運動の成果や社会にとっての意義を問う必要はない，というものです。どちらかというと私はこちらに傾きがちなのですが，過去の社会運動が残した正負の遺産や運動の限界を検証するのではなく，過去の社会運動の実践と思想そのもののなかに「キラリと光るもの」をみつけ，現在を生きる私たちのヒントとするという態度です。

社会学者の見田宗介が，詩人で作家の宮沢賢治（1896–1933）の生涯について振り返るなかで，次のように書いています。岩手県花巻の富裕な質屋に生まれた宮沢賢治は，貧しい農民たちに金を貸すことで生家の暮らしが成り立っているという矛盾に悲憤を感じ，下層農民とともに暮らし，かれらのために生きる道を生涯探求しました。しかし，その探求に成功したとはいえませんでした。見田は，宮沢賢治の人生は挫折であったと人はいうけれども，「それじたいが挫折ではなかったような革命がこれまでにあっただろうか」，賢治自身が掲げた高い理想に到達できなかったと人は批判するが，「けれどもそこにその生のうちに，到達した生涯というものがあっただろうか。わたしたちがこの生の年月のうちになしうることとは，力尽さずして退くことを拒みぬくこと，力及ばずして倒れるところまで到りぬくことのほかに何があろうか」（見田［1984］2012: 249／傍点は原文ママ）と述べます。

この言葉を参考にすれば，第 2 の視点は，理想に対して「力及ばずして倒れるところまで到りぬ」こうとした姿勢と，そこまでその人を駆り立てた理想から学ぶ姿勢だと言い換えることができます。東大闘争で全共闘の学生たちは，長期間にわたって講義や研究活動をボイコットするとともに，キャンパスの建物をバリケード封鎖して占拠しました。そして，そのなかで，東大闘争のテーマや方針，さらには大学や学生，学問のあり方について長時間の議論を繰り返しただけでなく，抗議活動の準備を行い，さらには食事や仮眠をとり，友人との娯楽に興じました。こうした一連の営み自体が，教職員の手から学生の手にキャンパスの管理権を移す試みであり，別の大学のあり方を示してみせるという意味で，現状の東大に対する鋭い批判でした。大成功したとはけっしていえないかもしれませんが，東大闘争で予示的政治を追求し，自分たちが考える望ましい社会や大学のあり方を，東大闘争が起きている「いま・ここ」につくりだそうとした学生たちの姿に，私はとりわけ社会運動のおもしろさや可能性を感じ，最終的な考察（小杉 2018）ではこの部分をとくに強調しました。

写真 2.6　学生たちが占拠した安田講堂内での話し合いの様子（渡部眸撮影）

6　課題や限界点，注意点，悩み

東大闘争の当事者としての教職員

ここまでお話ししてきた私の東大闘争研究がもつ最大の課題は，東大闘争当時に東大の教員や事務職員として働いていた当事者から，十分な聞き取りができなかったことです。助手や助教授のうち比較的若手だった方には会えましたが，当時の教職員の多くはすでに他界しています。これは生きている人に会うことが必要な聞き取り調査を重視したために生じた課題で，結果として，学生たちの本来の敵手だった大学執行部や，さらには大学執行部に影響を与えた文部省（当時）に関する分析を行うことができませんでした。

ただし，近年東大では，東京大学文書館（千葉県柏市）や各学部の資料室に，東大闘争の一次資料が集まりつつあります。そのなかには教職員側の記録も含まれていますので，これらの資料を紐解くことによって，ある程度この課題は解決できる見通しが立ってきました。

「力」にどう向き合うか

もう1つの課題は，1960年代の学生運動における「力の行使」について掘り下げられなかった点です。東大闘争で，学生たちは大学の各建物を占拠してストライキを続け，そのなかで仲間と議論や寝食をともにしました（**写真2.6・2.7**）。その一方で，1968年晩秋以降は，学生同士の暴力的なぶつかり合いがみられるようになり，機動隊とも衝突しました（**写真2.8**）。1960年代の学生運動の大きな特徴には，このような，建物占拠などの直接行動と敵手への実力行使があります。

写真2.7　駒場キャンパスの様子　学生たちが食事を用意している。（渡部眸撮影）

現在では，これらをおしなべて暴力と捉える風潮が存在しますが，何が暴力的だとされるかは，時代によって変化します。1960年代には，現在よりも，人びとが権力者に対して行使する力が肯定的に捉えられていたようです。とはいえ，自分が通う大学に対し異議申し立てをするために建物を占拠する直接行動に，私は抵抗はありませんが，学生同士で行使される力のぶつかり合いは，「暴力」と呼んでしまいそうになります。

1960年代の学生運動では，どこまでが肯定できる力の行使で，どこからが否定されるべき暴力なのか。そもそも，肯定できる力の行使と否定すべき暴力の境界を定めることは可能なのか。なぜ1960年代の学生運動はある種の暴力性を帯びていたのか。こうした難問が今後解くべき宿題として残されています。

写真 2.8　1968 年 11 月 12 日，東大本郷キャンパスの総合図書館前での全共闘の学生たちと民青の学生たちの衝突　当時の学生たちは，権力をもつ側が被抑圧者にふるう暴力と区別して，自分たちの力の行使を，そうした権力による暴力に対抗するためのゲバルトとよんだ。（毎日新聞社提供）

先入観を脇において過去に向き合う

最後に，本章を読んで，自分も歴史的な社会運動の調査研究をしてみたいと感じた人に向けて，研究の注意点についてふれておきたいと思います。まず，自分が事例として選んだ社会運動について，現在流通している評価に過度に引きずられないように気をつけてください。うっかりすると，現在を生きる私たちの視点から，過去の社会運動の営みを一方的に評価したり裁断を下したりしてしまうことにつながります。

また，対象事例にまつわる象徴的な事件や極端な特徴を念頭において調査や分析を行うことにも，注意が必要です。東大闘争で有名なのは，**写真 2.3** や**写真 2.8** のような，学生間や学生と機動隊のあいだの「暴力」的なぶつかり合いです。しかし，約 2 年間にわたる東大闘争では，**写真 2.6** や**写真 2.7** のような，それ以外の地味な場面も多くありました。

これらの注意点は，予備知識や先入観を一度脇において，自分にとってのデータ——それが文書資料から得られるのであれ，聞き取り調査から得られるのであれ――に向かうことによって，ある程度は自分の視点が偏ることを回避できます。ぜひ，社会運動の歴史を私たちに教えてくれる「生もの」に会いに出かけてください。

EXERCISE ●課題

1 【その場で考えられる内容】 あなたが通う学校に，多くの生徒・学生が感じている，教職員への不満や学校の問題はないか，考えてみよう。

2 【調べたり読んだりしないとわからない問題】 身近な年上の人にお願いして，幼少期から現在までの人生の歩みを聞き取ってみよう。質問事項は，子どもの頃の家庭環境や印象深いできごと，進路選択や職業選択の理由，価値観に影響を与えた人物や社会的事件，人生の転機などが考えられる。

3 【応用問題】 2の語り手が誕生した年から現在までを対象に，国内外の社会的事件に関する年表を作成しよう。聞き取りの結果と照らし合わせ，2の語り手の人生や価値観を形成した社会的背景や歴史的文脈を考えてみよう。

4 【調べたり読んだりしないとわからない問題】 あなたが通う学校を舞台に，1960年代に大学闘争あるいは高校闘争（1960年代末には高校闘争も多発した）が起きたかどうか，調べてみよう。

5 【応用問題】 4で自校で1960年代に大学闘争や高校闘争が発生したことがわかったあなたは，大学闘争・高校闘争の経過を調べ，図2.2を参考に，教員や学生のあいだにあった対立構造を整理してみよう。そして，その対立構造を生み出した社会的・歴史的要因を複数考えてみよう。

参考文献　Reference ●

安藤丈将，2013，『ニューレフト運動と市民社会――「六〇年代」の思想のゆくえ』世界思想社。

有末賢，2012，『生活史宣言――ライフヒストリーの社会学』慶應義塾大学出版会。

船橋晴俊，2012，『社会学をいかに学ぶか』弘文堂。

岸政彦・石岡丈昇・丸山里美，2016，『質的社会調査の方法――他者の合理性の理解社会学』有斐閣。

小杉亮子，2018，『東大闘争の語り――社会運動の予示と戦略』新曜社。

松井隆志，2019，「私の運動史研究宣言」大野光明・小杉亮子・松井隆志編

『運動史とは何か――社会運動史研究 1』新曜社，9-28。
Mills, C. Wright, 1959, *The Sociological Imagination*, Oxford University Press.（=2017，伊奈正人・中村好孝訳『社会学的想像力』筑摩書房）
見田宗介，[1984] 2012，『宮沢賢治――存在の祭りの中へ』岩波書店。
小熊英二，2009a，『1968 上――若者たちの叛乱とその背景』新曜社。
――――，2009b，『1968 下――叛乱の終焉とその遺産』新曜社。
高畠通敏，1977，「大衆運動の多様化と変質」『年報政治学』（1977）: 323-359。
高橋源一郎・SEALDs, 2015,『民主主義ってなんだ？』河出書房新社。
竹内洋，1999,『日本の近代　12　学歴貴族の栄光と挫折』中央公論新社。

CHAPTER

第3章

現代社会にとってどんな意義があるのか？

サミットをめぐる運動から

1 興味関心のまま，なんとなく……

哲学と教育学から

現在は，だいたい毎日のように「社会運動」と呼ばれるものについて考えたり，情報を集めたりしている私ですが，10代の頃は，「社会運動」にはほぼ関心がありませんでした。たいていはその言葉を親から教わることもなければ，学校で学ぶこともありません。日常会話で聞くことも，テレビで聞くこともないと思います。ですから，何か興味を引かれる現象があっても，きっとそれを「社会運動」という言葉で捉えること自体が，日常の中ではほとんどないのではと思います。私もそうでした。

大学に入学して最初に関心をもったのは哲学と教育学です。親しくなった教授に「研究テーマはどう決めればよいですか」と相談したところ，「君がいま悩んでいることをテーマにしたらよいですよ」と言われました。そこで〈いま自分は親や大学教員，つまりいろいろ自分に教えてくる人たちにどう対応すればよいかで悩んでいるな〉と考えて，そのことを研究テーマにしたのでした。

具体的には，〈教育する側〉に役に立つ「教育学」ではなく，〈教育を受ける側〉に役に立つ学問，教育学に対抗する学問を哲学的に構想するという，いま思えば「謎」の研究に1年生からとりかかるようになったのです。そのあと，「社会学」に移っていくわけですが，どうやら学部生の頃から，〈主流のものに対抗する人びとや知識〉に対して魅力を感じていたのだろうとは思います。

振り返ると，〈教育を受ける側〉に役立つ学問を構想している際に，女性学や労働組合論，消費者論，環境問題論などの文献も参考にはしていました。なんだか自分の見方と似ているな，と感じたから読んでいたわけですが，じつはそれらは女性運動や労働運動，消費者運動，環境運動の歴史を基礎に発展してきた学問分野でもあったのです。つまり私の見方は，いまから振り返れば，もともと，社会運動をベースにしたような学問分野の見方と似ているところはあったのだろうと思います。

とはいえ自分の研究が,「社会運動研究」というものと関連しているとは思いもよりませんでした。当時はまだ「社会運動」に関する知識は皆無で,その言葉を,日常生活や授業で聞くこともほぼなかったわけですから,まったく意識すらしていなかったと思います。

バンドか地域通貨か

大学院の修士課程に進み,社会学をさらに学んでいきました。研究テーマの候補は2つありました。

1つ目は,音楽バンドの文化やスタジオ練習・作曲過程を描いて分析するという研究です。大学院の演習(ゼミ)で,ジャズバンドやジャズピアノの社会学的研究書を読むことがあり,自分も18歳の頃からいろいろなバンドに参加していましたので,その経験・知識を活かせるかもと思ったのです。

2つ目は,地域通貨活動というものについての研究でした。これは〈ある地域だけで通用する通貨的なものを発行して,助け合いや地域活性化をめざそうとする活動〉で,当時,全国的なブームになっていました。テレビのニュースで,大阪市西成区の「釜ヶ崎」(日雇い労働者の町として有名)でも,地域通貨活動が始まっていることを知って,強い関心をもったのです。当時は釜ヶ崎近くの日本橋に住んでいましたので,ボランティアとして関わりつつ調査できそうだと考えたのです。

指導教員に相談したところ,1つ目はかなり難しいといわれ,2つ目をすすめられました。こうして釜ヶ崎の地域通貨活動の調査に取り組むようになったのです。他大学の大学院生の先輩方もボランティアでその活動に関わっておられましたので,いろいろと研究の相談もさせていただくようになりました。

その後,大阪の別の地域通貨活動,東京や神戸の事例も調査し,全国の地域通貨活動を一覧化してネット上で公開したりもしました(現在も残っていますので,関心があれば,キーワード「地域通貨団体表」でネット検索してみてください)。しかし,その段階になっても,私は,自分が「社会運動」研究をしているつもりは全然ありませんでした。他の地域通貨研究者と同じく,「地域活性化研究」「地域社会学的研究」「経済社会学的研究」をしているつもりだったのです。

社会運動の研究者？

ただ指導教員や先輩方は，次第に私のことを「社会運動に関心のある人」「社会運動研究者」とみなすようになっていきました。おそらく，演習やボランティア会議の場で地域通貨活動について私が話すときに，社会の大きな変化とその活動を関連づけがちだったり，地域通貨活動がもつ可能性，潜在的なポテンシャルを強調しがちだったりしたからかもしれません。

たしかに，社会の大きな変化と社会運動を結びつけたり，小さな活動のポテンシャルに注目したりすることは，「社会運動研究者」にはよくあることです。教員や先輩方は「社会運動研究」についてもよくご存知でした。それゆえ私の語り方に，同じ「雰囲気」を感じ取られたのでしょう。少しずつ私は〈地域通貨活動を社会運動として捉えて研究をしている人〉〈地域通貨を事例にする社会運動研究者〉とみなされるようになっていきました。

本当に少しずつの変化でしたので，厳密にいつからそうなったのかは，よくわかりません。最初は，そうみなされることに若干，抵抗感はあったと思います。「偏っている」とみられるのではないだろうかと不安をもったからかもしれません（あまり覚えていないのですが)。少なくとも自己紹介のときに「社会運動を研究しています」「専門は社会運動研究です」と言うことは，その頃は一度もなかったと思います。

トゥレーヌになんとなく関心をもった理由

「社会運動研究者」とみなされるようになってきますと，不思議なことに，指導教員や釜ヶ崎の先輩方が私に紹介してくださる研究者や文献もまた，「社会運動」に関連するものになっていくのですね。たとえばアラン・トゥレーヌというフランスの社会学者。社会の大きな変化を社会運動と結びつけて分析する大規模な調査研究で世界的に知られる社会運動研究者ですが，釜ヶ崎の先輩方は，「濱西くんと関心がよく似ているよ」と言って，紹介してくださいました。

そこで，トゥレーヌの代表的著作『声とまなざし――社会運動の社会学』(Touraine 1978=2011）をためしに読んでみました。自分の感覚にかなりぴったりとくる内容だったのを覚えています。共感したのは，大きな社会の変化と社会運動を結びつける点だけではありません。社会運動とその敵手・ライバル（たとえば政府）を同時に視野に入れて分析する点にも共感しました。かつて自分が〈教育を受ける側〉に役立つ学問を構想していたときも，同じように〈敵手（ライバル）である「教育学」についても分析する必要がある〉と考えていたからです。

『声とまなざし』には，社会運動を要素に分けて評価する方法や実験的な調査法も載っていました。そして実際にその方法や調査をフランスの原子力施設建設反対運動などに適用したトゥレーヌの別の本（Touraine et al. 1980=1984）も翻訳されていました。

私はトゥレーヌがどういう人で，社会と運動の関係をどのように捉え，運動をどう調査しているのかに関心をもつようになりました。そして彼が書いた書籍や論文を可能なかぎりすべて取り寄せ，検討していったのです。

国際協力NGOの調査

博士課程では，トゥレーヌの研究と並行して，先進国の開発途上国支援政策を監視・批判する非政府組織（NGO）も調査するようになりました。国内外の地域通貨団体をトゥレーヌの考えにもとづいて分析していくなかで（濱西 2005），さまざまなNGOの活動へと研究対象が移っていったのです。

ちなみに「NGO」という言葉は，国際的には，政府機関以外の組織，をさします。つまり日本の宗教法人や学校法人，労働組合などもすべて「NGO」ということになりますので，もし開発途上国の直接・間接的な支援や地球環境問題の解決に取り組むようなNGOに話を限定する場合は，「国際協力NGO」という言葉を用いるのが一般的です。

高校生の頃から，私は開発途上国での医療支援に関心をもっていました。ただ国際協力NGOがなぜ政府の支援政策を監視し，ときに批判する必要があるのか，についてはよくわかっていませんでした。しかし本を読んだり，NGO関係者から話を聞いたりするなかで，先進諸国が開発途上国を支援するつもりで被害を与えたり，支援の際に変な条件をつけたりするケースがあるということがわかってきました。たとえば，先進諸国が支援して建設したダムや発電所が途上国に大きな環境破壊をもたらしていることはよくあります。また先進国で生産した商品を途上国でも流通させるように強いたり，先進国の企業が途上国でビジネスを展開するときに有利になるように途上国政府に特別な制度をつくらせたりすることもあります。そのような問題のある先進国の支援策を，国際協力 NGO は監視・批判していたのでした。

洞爺湖 G8 サミットの調査

先進諸国のなかでも，政治的・経済的な力の強い「大国」の首脳が年に 1 回集まる機会が，通称「サミット」と呼ばれる主要国首脳会議でした（次節でもう少し詳しく説明します）。国際協力 NGO にとって，サミットは，先進国による途上国支援の問題点を一度に批判し，改善策を提言できるような格好の場だったのです。私がサミットに関心をもったのは，2006 年頃でした。

サミットは，日本では 1979，1986，1993 年（いずれも東京），2000 年（九州・沖縄）に開催されていました。そして 2007 年には翌 2008 年の北海道・洞爺湖サミット開催が決定しました。さっそく日本に本部をおく国際協力 NGO は，世界中の国際協力 NGO と協力して，政策提言のネットワークをつくっていきました。私もある国際協力 NGO の会員になっており，そのネットワークに参加するようになりました。

同じ頃，北海道・洞爺湖サミットをめぐる運動の調査を行う研究プロジェクトにも参加するようになりました。プロジェクトをとおしていろいろ調べていくなかで，サミットを監視・批判するのは国際協力 NGO だけではないということもわかってきました。そのことを説明するには，やや時代をさかのぼる必要があります。

2 サミットをめぐる運動

バトル・オブ・シアトル

アメリカの西海岸にシアトルという大都市があります。イチローが活躍したシアトル・マリナーズ球団やスターバックスの本社がある都市として知られていて，毎年，日本からもたくさんの観光客が訪れています。

そのシアトルの中心部で，1999年に世界貿易機関（WTO）の閣僚会合が開催されました（WTOの説明は次の項でします）。その閣僚会合に対して，突然，大きな抗議デモや抗議集会が行われ，会合は中止に追い込まれたのです。抗議を行ったのは，「さまざまなグループや社会運動組織，たとえば工場労働者，農場労働者，消費者，環境主義者，教会とフェミニスト，平和主義者，人権団体」であり，「少なくとも1387以上の集団（非政府組織，労働組合，環境主義者，多くの宗教組織を含む）」が公式にデモに参加していたといわれています（della Porta et al. 2006: 1, 7）。

その激しい抗議行動や警察・軍との衝突の様子は「バトル・オブ・シアトル」（シアトルの闘い）と呼ばれ，マスメディアをとおして全世界に報道されました。当時は，日本だけでなく先進諸国全体で，〈もう路上でデモをして政府に抗議するのは古い〉〈改善策を提案する活動やサービスを提供する活動へ転換していこう〉ということがよくいわれていた時代です。それゆえシアトルの大規模な抗議は，世界中に大きなショックを与えました（第**2**部第**6**章も参照）。

世界貿易機関はなぜ批判されたのか

それにしても，なぜ世界貿易機関（以下，WTO）は，それほど批判されたのでしょうか。この機関はもともと，東西冷戦時代（世界がアメリカ中心の資本主義諸国と旧ソヴィエト連邦中心の社会主義・共産主義諸国に大きく分かれて対立していた時代）が終わったあとの1995年に創設されたものです。その基本的な役割は，国家間の「関税」（自国の産業保護のために輸入商品にかける税）をどんどん引き下げ，国家間の「貿易」を盛んにすることです。そしてモノやサービスを自由に取引する「市場」を，国内や同盟国のなかだけで閉じてしまうのではなく，むしろ地球規模化（グローバル化）していくことを，国際通貨基金（IMF）や世界銀行と協力しつつめざしてきたのでした——ちなみに2019年現在の加盟国は160ほどです。

経済的な観点からすれば，WTOは，関税を引き下げて自由に取引できる経済圏を世界中に拡大し，競争を加速化させて効率的な経済発展を実現しようとする，「大切」な機関なのかもしれません。実際，各国の経済業界団体は，WTO を応援していて，「関税を引き下げよ」と自国政治家に日々，働きかけもしています。

他方，もう少し広い観点に立てば，先進国と途上国では，政治的な面，軍事的な面で力関係が大きく異なりますから，自由で対等な経済交渉などほぼできません。ですから，結局，途上国側は先進国側にとって都合のよいかたちで競争させられ，一方的に変化を強いられることになりがちです。もちろん経済・産業的な力自体にも圧倒的な差がありますので，商品やサービスの質の競争では途上国は先進国になかなか勝てません。その結果，自国の産業が壊滅してしまうこともよくあります。であれば，WTO が求める関税引き下げは，結局，先進国と途上国のあいだにもとからあった力の差をさらに広げることにしか寄与しないようにみえるわけです。それゆえ途上国の人びとやその支援に関わる国際協力 NGO は，WTO を批判したのでした。

また先進国のなかでも，グローバル化の「負の側面」（Column ❺参照）は，労働組合や人権・環境保護団体から批判されていました。それゆえ関税の引き下げをとにかく推し進めようとする WTO の活動は，「負の側面」をさらに拡大し，問題を世界中にいっそう広げ，皆をますます不幸にするだけだとみなされたわけです。

このようにして WTO は，途上国の人びとや国際協力 NGO からだけでなく，先進国の労働組合や人権・環境保護団体からも批判を受けたのでした。

サミットとは何か

これらの人びとや団体が次に批判したのが，WTO 自体をコントロールする「親玉」とみなされた主要国首脳会議（サミット）でした。第 1 節で少しふれましたが，もう少し詳しく説明しておきましょう。

まずこの会議は，主要国の首脳が集まるということから「サミット」（英語で「頂上」という意味）とも呼ばれます。また参加国数（後述）から「G7」（Group of Seven），「G7 サミット」などといわれることもあります。新聞やニュースでは，「主要先進国首脳会議」「G7 首脳会議」ともよばれることがあります。

Column ❺ グローバル化の「負の側面」

この 50 年の，世界の大きな流れの 1 つは，〈それまで 1 つの国のなかだけでしか，モノ・サービスの売り買いができなかった状況から，次第に世界中の人とモノ・サービスの売り買いができるような状況への変化〉です。背景には，商品を輸送する手段・ルートの確立や，通貨間の交換システムの確立，そして情報を瞬時に国境を越えてやりとりできるインターネットの発達などがあるといわれます。とくに，東西冷戦時代が終わり，商品を売り買いする市場はまさに地球全体に広がるようになりました。そのような変化を，経済や市場の「グローバル化」（地球規模化）と呼んだりします。

「グローバル化」によって，私たちは，海外の商品・サービスを簡単に購入できるようになりましたし，海外旅行も海外での労働もしやすくなったかもしれません。よい商品を安くつくれば世界中で売れるようになりますし，チャンスと捉えて「成功」した企業も数多いでしょう。〈国境を越えた経済的つながりは戦争を抑止する〉という説もしばしば聞かれます。

しかし「グローバル化」には「負の側面」もあります。企業は，世界中の企業との激しい競争にさらされるようになり，コストを削減する必要に迫られます。正社員が大量に解雇され，非正規雇用に置き換えられたりします。余裕のある人員配置はできなくなり，労働条件も悪化していきます。

また「グローバル化」によって生産工場の他国への移動が容易になるなかで，企業はコスト削減のために，工場を人件費のより安い国に移転させるようになり，その結果，自国の 1 つの産業がまるまる衰退してしまう事態も起こりました。また人権保護や環境保護を「コスト」と考えて，それらの保護が不十分な国にあえて工場を移動させる企業もあります。これまで時間をかけて発展してきた労働者保護や人権・環境の保護を，「グローバル化」は一気に破壊しかねないのです（Steger 2009=2010）。

そもそもサミットは，民主的体制の資本主義・先進諸国の首脳が，「石油危機」（1973 年，石油産油国が石油の値段を引き上げたことで生じた世界的な経済混乱）のあとで，ライバルの社会主義・共産主義諸国のグループ（旧ソヴィエト連邦，東欧諸国，中国など）や中東の石油産出国のグループに対抗するために，互いの経済政策を調整する場として，1975 年に誕生したものです。WTO ができるよりもずいぶん前のことです。

まずフランス，イギリス，旧西ドイツ（現・ドイツ），アメリカ，イタリア，日本の6カ国で始まりましたが，すぐにカナダが追加されて7カ国（G7サミット）になります。東西冷戦時代が終わり，ソヴィエト連邦が解体したあと，1998年からはロシアも正式に参加するようになり，8カ国（G8サミット）となりました。しかし2014年以降は，再びロシアを除く7カ国に戻っています。

ちなみにサミットはWTOのような国際機関ではなく，あくまでも首脳会談の一種です。条約等で参加国が規定されているわけではなく，毎年，担当国が参加国を招待してサミットを主催するというかたちをとります。現在，ロシアが外れているのは，クリミア半島の問題などで国際的な批判・制裁を受けているために，サミット自体に招待されなくなっているからです。

サミットをめぐる抗議行動

サミット参加国は，いずれも非常に強力な政治・経済的な力をもち，国際機関の運営分担金も非常に多く支払っています。そのためサミットで合意された共通政策は，WTOをはじめ多くの国際機関にも多大な影響を与えます。WTOへの働きかけを強化しよう，ということ自体がサミット会合でよく合意されているくらいですから，サミットが，WTOをコントロールする「親玉」とみなされたのも無理はないかもしれません。

シアトル抗議の2年後，2001年にイタリアのジェノアでG8サミットが開催されましたが，そこには世界中から人びとが集まり，激しい抗議行動を展開していきました。この頃には，サミットで話し合われるテーマは，経済政策だけでなく，気候変動対策やテロリズム対策，エネルギー・食糧問題，途上国への支援，移民・難民問題，国際紛争，病気・医療まで多岐にわたるようになっていました。そのため，ジェノアでの抗議も，国際協力NGOだけでなく，労働組合や人権保護団体，環境保護団体，農業者団体，女性運動，移民支援運動，学生運動，先住民運動，消費者運動，極右運動などによってもなされるようになりました。そしてそれ以降，サミットにはいつも多様なグループによる大規模な抗議行動がついてまわるようになったのです。

2008年に北海道・洞爺湖で開催されたG8サミットに対しても，さまざまな抗議がなされました。まず5・6月に各地で行われたサミット関連大臣会合に対して抗議が実施されました。そして7月に入ると札幌中心部で大規模な抗議デモや集会が展開され（写真3.1），首脳会合が開催された洞爺湖近辺でも抗議行動がなされたのです。

写真3.1　2008年7月，洞爺湖G8サミットをめぐる抗議行動の様子（札幌，筆者撮影）

ちなみに8年後の2016年に開催された伊勢志摩G7サミットをめぐる運動は，一部の抗議デモと国際協力NGOの提言活動，東海地域のNPO中心のシンポジウムなどに限定されました。それゆえ洞爺湖サミットは，その規模や争点の多様性において，日本におけるサミットをめぐる運動の1つのピークをなしたといえます。

3 運動がつくりだそうとするものは何か

3-1 ルールや価値をつくりだす営み（意義評価の枠組み）

トゥレーヌとは？

このようなサミットをめぐる運動をどのように研究すればよいでしょうか。この運動が大きくなった原因に関心をもつ人もいましたが，私はそこにはあまり関心をもてませんでした。というのも，あまりに多種多様な人びとが多様なことを主張していて，全体像もほとんどわからなかったからです。そこで私はむしろ，そもそもいったいこの運動がなんであり，どのような意義を有しているのかに関心をもったのでした。そこにはトゥレーヌの影響もあります。

私は，国際協力NGOやサミットの研究と並行して，トゥレーヌについての研究も続けていました。彼（1925年生まれ）は現代フランスを代表する社会学者で，世界中に彼の影響を受ける社会学者・研究者がいます。私も博士課程のときに何度か直接，お話ししたことがありますが，英語・スペイン語等々も流暢で，若手研究者の意見もよく傾聴してくださる方でした。

彼はフランスの二大政党の1つや全国規模の労働組合のアドバイザーも，長年務めてこられました。そして1990年代以降はとくに女性の政治参加を強く推進し，女性大統領候補に助言するなど，フランス政治にも大きな影響を与えてこられました（彼の娘マリソル・トゥレーヌも大臣を務めたことがあります）。

私はトゥレーヌの理論にもとづいて，サミットをめぐるあの運動がいったいなんなのか，その意義を解釈したいと思いました。トゥレーヌは，社会の大きな変化と個々の社会運動を結びつけて考える研究で知られていますが，彼が「社会」という言葉を用いるときに想定しているのは，基本的には1つの国家の枠内の社会のことでした。「社会運動」という言葉も，1つの国家内の動きに基本的に限定して，用いられていました（もちろん彼自身はグローバル化にも国境を越える運動にも強い関心をもっていて，自ら調査なども行っていますが，分析の焦点は，それらの現象が一国家内の「社会」にどのような影響を与えるのかということでした）。そこで私は，国境を越えるようなグローバルな運動の分析にも，トゥレーヌの考えを応用してみたいと思ったのです。

人びとがルールや価値をつくりだす

ここでトゥレーヌの考え方についてもう少しだけ詳しく説明しておきたいと思います。他人の「頭のなか」をのぞくわけですから，どうしてもやや抽象的な話になってしまいます。お許しください。

トゥレーヌは，もともと「ルール」（社会の一部あるいは全体に通用するような規則）や「価値」（さまざまなルールの背景にあるより大きな価値体系）をつくりだそうとする人びとの営みに関心をもっていました――ルールや価値を「価値規範」などとまとめて述べてもよいのですが，初学者にはかえって難しくなるためそのままにしています。このような関心は，少なくとも当時は，社会学者としてはめずらしいものでした。人間は基本的にはルールや価値にある程度は従って動いていますから，彼以前の社会学者は，どちらかといえば，ルールや価値に従う人間の営みに焦点をあててきたのです。

しかしそのルールや価値をつくりだすのもまた人間たちです。そう考えたトゥレーヌは，ルールや価値をつくりだそうとする営みのほうに注目をしたのでした。彼はもともと歴史学の教育を受けていたので（当時，フランスで社会学を学べる学部は存在しませんでした），フランス革命のように，社会運動が次の社会（のルールや価値）を実際につくりだしてきた歴史をふまえているのだと思います。

つくりだそうとする営み

もちろん，現実の運動にはいろいろな営みが含まれています。たとえば既存のルールや価値に従おうとする営み，そこから逃れようとする営みも含まれるかもしれません。そのなかでトゥレーヌは，とくにルールや価値をつくりだそうとする営みに注目しようとするのです。

ちなみにトゥレーヌはつくりだそうとする営みに注目しますが，その営みが実際にルールや価値をつくりだせたのかどうかはそこまで重視していません。ルール・価値が実際に確立するか否かには多種多様な要因が作用しますし，偶然や偶発的な要素も大いに作用するはずです。つくりだそうとする営みがすばらしいものであっても，別のルール・価値をつくりだそうとする敵手との対立の結果，実現しないことも無数にあるわけですから，実際にルール・価値が確立されたかどうかで運動の意義を評価することは難しいのです。それゆえトゥレーヌは，運動がいかなるルールや価値をつくりだそうとしているかだけに注目するのです。

営みと営みの衝突

新しいルールや価値をつくりだそうという営みは，多くの場合，これまでのルールや価値を守ろうとする営みと，ぶつかることになります。また，ルールや価値をつくろうとする点では同じでも，めざすルールや価値の内容が違うような営みとは，やはり衝突することになるでしょう。たとえば運動の敵手とみなされるような，政府や行政機関，大企業などの活動にも，ルール・価値をつくろうとする営みが含まれている場合があります。ある運動とその敵手は，ルール・価値をめぐって衝突するとみなされるのです。

もちろん現実に発生する1つひとつの衝突のなかにも，いろいろな争いごとが混ざり合っています。新しいルール・価値をつくりだそうとする営みと，既存のルール・価値から逃れようとする営みの争い，既存のルール・価値から逃れようとする営み同士の争いなどなど。そのなかでトゥレーヌは，とくに〈互いにルールや価値をつくりだそうとする営み同士の争い〉に注目するわけです。

このように，運動を（何かへの抵抗としてではなく）新しいルールや価値をつくりだそうとする営みとして捉え，運動の敵手とみなされる存在にもその見方を適用し，そして，そのような営み同士の衝突として現実の争いを捉える点が，トゥレーヌの非常に独創的なところです。私もそれらの点に惹かれたのでした。

ただ，少し修正も必要だと感じていました。そのことを次にみていきます。

3-2 ルールや価値の影響が及ぶ範囲

組織・制度・社会全体

トゥレーヌは，ルールや価値の影響が及ぶ範囲を3つに区分しています。1つ目は，ある社会組織だけに及ぶルールや価値です。たとえば会社や学校，役所，団体の内部だけで通用する規則や慣習などです。2つ目は，それらの社会組織の活動をある程度規定する社会制度レベルのルールや価値で，たとえば一国家で通用する法律や地域の条例，慣習などです。3つ目が，社会全体にまで及ぶようなルールや価値で，政治・制度レベルのルール・価値自体をある程度規定するものです。たとえば社会はどうあるべきか，人間にとって大事なものは何かといった価値観，将来，社会がどうなっていくべきかのイメージなどです。

ある学生運動のなかには，「大学」という社会組織だけに関わるルールや価値をつくりだそうとする営みもあれば，教育制度や政治制度に及ぶルールや価値をつくりだそうとするものもあるかもしれません。さらに社会全体に影響を与える知識や科学技術に関するルールや価値をつくりだそうとする営みも含まれているかもしれません。

また洞爺湖サミットをめぐる運動，たとえば国際協力 NGO ネットワークの

Column ❻ 「新しい社会運動」論

社会学の教科書や辞書では，トゥレーヌ理論は「新しい社会運動」論と紹介されることが多いです。

トゥレーヌは40歳頃までは工場調査や大規模労働者調査を実施し，会社経営者や労働組合がつくりだそうとする，産業社会全体に及ぶルールや価値の研究に取り組んでいました。しかし1968年にフランスでは大規模な学生運動が起こり，その後，ヨーロッパ全体で女性運動や環境運動が盛り上がりをみせるようになります。そこで，トゥレーヌは，新たな運動が，労働運動と同じく，社会全体に影響が及ぶようなルールや価値をつくりだせるかに関心をもつようになり，実際，学生運動，女性運動，環境運動，ユダヤ人差別の運動などの大規模調査に取り組んでいったのでした。

同じ頃，トゥレーヌ以外に，イタリアのアルベルト・メルッチ，そして旧西ドイツのユルゲン・ハーバマスとクラウス・オッフェも，〈労働運動の陰に隠れていたさまざまな運動を，労働運動とは独立した運動として新たに位置づけ直そうとしている〉とみられていました。それゆえ彼らはまとめて，(「古い」社会運動＝労働運動ではなく)「新しい社会運動（を）論（じる）者」と呼ばれたのでした。

彼らの姿勢はかなり画期的なものでした。というのも当時はまだ東西冷戦時代で，労働運動を核とする社会主義・共産主義の国家（旧ソヴィエト連邦や中国）がまだ強い力をもち，〈労働運動こそがすべての運動の核だ〉，〈女性運動ではなく女性労働者の運動であり，環境運動ではなく労働環境の運動であり，結局，すべて労働運動なのだ〉という見方はよくなされていたからです。

それゆえ彼らの考え方はさまざまな批判を受けましたが，とくにトゥレーヌらは歴史学・労働社会学の知見や社会運動調査をとおして，またハーバマスらは哲学や政治学，法学・社会学・心理学の知見と社会史的研究を駆使して，批判に応答していきました。そして，むしろフランスやドイツ，ひいては西ヨーロッパの社会や政治のほうを変化させていったのです（濱西 2017，2020）。

活動のなかにも，外務省との交渉だけに及ぶルールや価値をめぐる営みもあれば，ある国の人権保護や環境保護制度に及ぶルールや価値，さらにある国の社会全体に及ぶルールや価値をめぐる営みも含まれるかもしれないのです。

ちなみに，トゥレーヌの関心は，とくに，社会全体に及ぶルールや価値をめぐる営みとその争いにありました（彼はその水準の運動にだけ「社会運動」という言葉を用いているほどです）。そして Column❻に書いたように，さまざまな運動（とその敵手）の調査を実施していったのです。

世　界

ところで，社会全体よりも上位の水準は，存在しないのでしょうか。トゥレーヌの考えではそうですが，それでは WTO やサミットをめぐる運動のように，国境を越える事例をうまく評価できないようにみえます。もちろんトゥレーヌの考えにもわかるところはあります。仮に「世界政府」というものが存在していれば，世界全体に及ぶようにルールや価値をつくりだしていく営みというものも想像できるかもしれません。しかし現状，世界規模で存在するのは，国際連合や国際機関（WTO など）といった国家間の利害を調整するような協議の場だけです。それゆえ，トゥレーヌはルールや価値の最大影響範囲として 1 つの国家内の社会を想定し続けるようです。

ただトゥレーヌはこれまでも，実際につくりだせるかどうかではなく，つくりだそうとする意図を重視してきたわけですから，「世界全体に及ぶようなルールや価値をつくりだそうとする営み」も設定することはできるはずです。

たとえばサミットで合意された首脳宣言の影響は，多かれ少なかれ世界全体に及ぶとみることができます。たしかに国家における法律ほどの強制力を，参加国やそれ以外の世界中の国々に対してもつということはないですが，その圧倒的な力関係を背景にして，事実上，国際機関や他の国々を従わせることができうるからです。また国際協力 NGO ネットワークも，途上国と先進国という世界全体に関わる関係性に関するルールや価値をつくりだそうとしているといえます。グローバル化の「負」の側面を批判する先進諸国の諸団体も，世界全体に関わる新たなルールや価値をつくりだそうとする営みとみなせるのです。

それゆえグローバルな運動を事例にする場合には，世界全体の水準を追加するという修正が必要だと思ったのです。

非意図的につくりだすルール

もう 1 点，理論的修正を加える必要があると思いました。トゥレーヌは，基本的にルールや価値を意図的につくりだそうとする営みに焦点をあてています。

しかし非意図的につくりだされるルールや価値もあるはずです。たとえばサミットがつくりだすルールや価値は，首脳宣言などで提示される内容だけにとどまりません。後述するように資本主義・先進諸国首脳が，「サミット」（頂上）と称して集まること自体が，〈資本主義，先進諸国が世界の中心・頂上なのだ〉というルール・価値を否応なく体現しています。

また運動がつくりだすルール・価値も，路上や文章上で参加者によって意図的に語られる内容だけではありません。やはり後述のように，ある運動ネットワークが存在し継続していくこと，抗議行動が公共の場で実施されること自体が，〈その主張の存在を認めろ〉というルール・価値を提示していることになるのです。

4 声明とウェブサイト，制度と争点

サミットをめぐる運動（およびサミットそれ自体）は，意図的・非意図的にいったいどのようなルール・価値をつくりだそうとしているのでしょうか。この問いに答えるために必要なデータをどう集めるのか，整理しておきましょう。

まずサミットの側が意図的につくりだそうとするルール・価値は，コミュニケ（声明書）・議長総括・宣言・首脳声明・記者会見文章・行動計画等の公的文書に表れるでしょう。1975年の第1回サミットから毎回必ず首脳声明などは出されており，すべて外務省ウェブサイト上で公開されています（図3.1）。

次に運動の側が意図的につくりだそうとするルール・価値は，たとえば，運動団体の記者会見での発言，配布文章，各団体のウェブサイトやSNSに掲載された文章，個々の関係者のブログやSNSの文章，インタビュー，また抗議行動（デモや集会）の際に語られる内容や配布物，衣装や掲げる看板に示された文章などに表れているはずです。

ただ，きわめて多様な団体・個人が抗議行動に参加していますので，運動の全体を捉えるということは困難です。そこで次善の策として，新聞記事データベースを用いて多様な活動の全体を捉えていきたいと思います。具体的には

CHART 図3.1 外務省ウェブサイト内の「G7/G8」

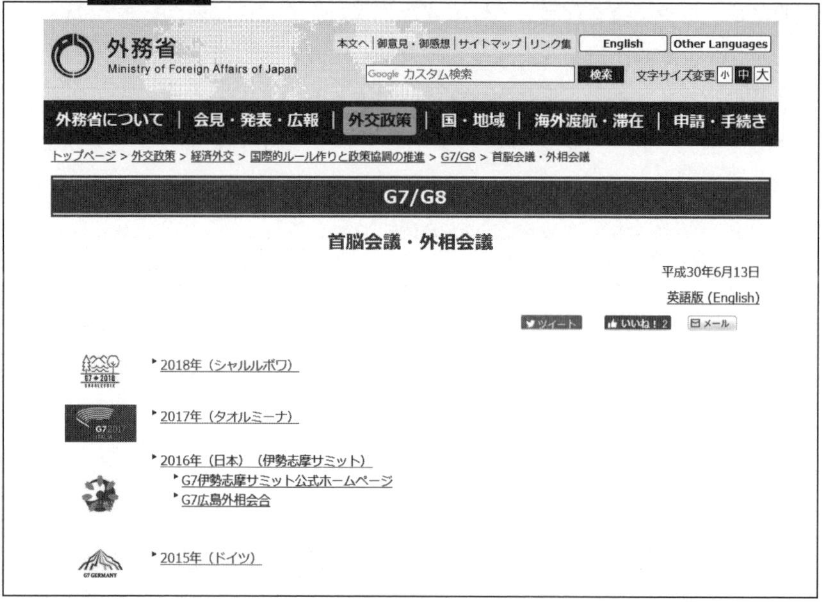

『朝日新聞』の記事データベース「聞蔵Ⅱビジュアル」を活用し，「主要国首脳会議」「先進国首脳会議」「サミット」（以上の3つは，検索上は同一のキーワードとして判断されました），「東京サミット」「洞爺湖サミット」と「抗議」「運動」「デモ」というキーワードで記事を検索し，抗議の具体的事例に関する記述を抜き出して分析しました（図3.2）。このデータベースには，多くの大学図書館内のPCから，また各地の中央図書館などのPCからもアクセス可能です。

他方，サミットが非意図的につくりだすルール・価値については，サミットとその歴史に関する歴史学・政治学資料，および現在のウェブサイトなどから検討していきます。そして運動が非意図的につくりだすルール・価値については，文章やインタビューからはみえてきませんので，サミットの非意図的なルール・価値の分析のほうから考えてみたいと思います。

CHART 図 3.2 「聞蔵Ⅱビジュアル」の検索結果（左）と記事（右）

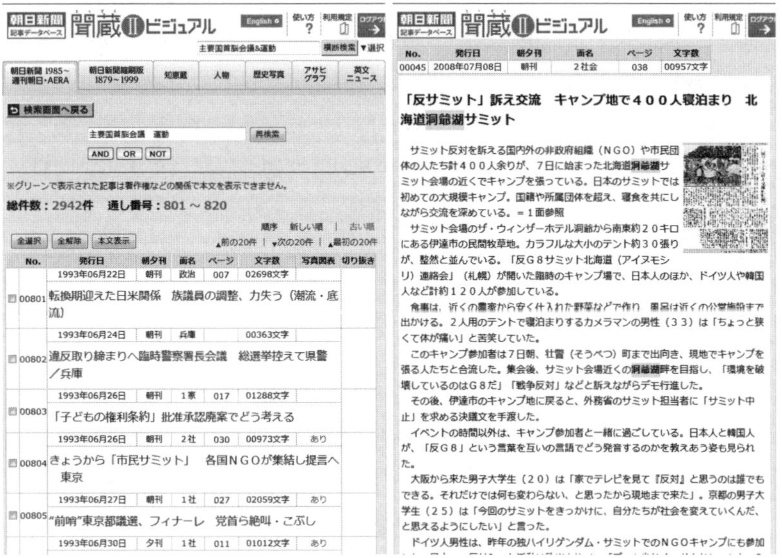

5 内容分析と対立関係

5-1 意図的につくりだされるルールや価値

サミットが意図的につくりだそうとするルールや価値

サミットが意図的につくりだそうとするルールや価値は，各サミット最終日に公開される「首脳宣言」からみえてきます。

2008 年の北海道・洞爺湖 G8 サミット（2008 年 7 月 7〜9 日）の「首脳宣言」は，「世界経済」「環境・気候変動」「開発・アフリカ」「国際機関」「政治問題」というテーマから構成されています。以下はその冒頭部分で，かつ宣言の中心となる「世界経済」の記述です。

「首脳宣言」（仮訳）2008 年 7 月 8 日

世界経済／・世界の経済成長

1. 我々は，我々の経済の長期的強靭性及び将来の世界の経済成長に関し，引き続き肯定的である。……2. 我々は世界経済を巡る諸問題が相互に連関していることに留意する。……3. グローバリゼーションは，政治的民主主義，経済的自由及び説明責任を果たす制度という共通の価値に支えられ，世界の経済成長及び強固で繁栄する経済の重要な推進力である。グローバリゼーション及び開放的な市場は，我々の社会，新興市場国及び開発途上国に大きな機会を提供する。我々はこれらの機会を我々の市民の利益及び世界の成長のために活用することに強くコミットしている。……4. 我々は，国際機関，特に世界銀行，国際通貨基金（IMF），世界貿易機関（WTO），国際労働機関（ILO）及び経済協力開発機構（OECD）が協力を強化し，一貫性を高めることを呼びかける。……／・貿易及び投資／ 5. 我々は，国際的な貿易及び投資に対するあらゆる形態の保護主義的な圧力に抵抗する。……6. 開放的な貿易及び投資政策は，経済を強化する。すべての国は，外国投資を歓迎し，外国投資に対する無差別待遇を保証し，資本及び投資の収益を移転する自由を保証する体制を発展，維持及び促進する方策をとるべきである。……7. 開放的で競争的な資本市場は，経済成長を促進させることができる。……（下線は引用者による：外務省ウェブサイトより）

「3.」の下線部では，グローバリゼーションを擁護し，それが市民の利益にもなりえると主張しています。そして「4.」の下線部ではWTOだけでなくILOも含む各国際機関に働きかけることを明示しています。「5.」の下線部で保護主義を批判し，「6.」の下線部では「すべての国は……方策をとるべきである」とすら強調しています。「7.」ではそれが経済成長につながると述べていますね。

第1回サミットでの首脳宣言は全体で約3000字でしたが，洞爺湖の首脳宣言は約2万5000字に増加しています。しかし保護主義を批判し，市場の開放，グローバル化を推し進めるという主張は共通しており，世界経済のありように関するルール・価値は変わっていません。サミットがつくりだすルールや価値は，かなり一貫しているといえます。

運動ネットワークが意図的につくりだそうとするルール・価値

次に，運動の側が意図的につくりだそうとするルールや価値についてみていきましょう。

洞爺湖サミットのときには2つの大きなネットワークが形成されました。その1つは，100～150団体ほどのNGOからなる「2008年G8サミットNGOフォーラム」です。その設立趣意書からネットワークがつくりだそうとするルール・価値を考えてみましょう。

> 「2008年G8サミットNGOフォーラム趣意書」
>
> G8諸国の果たしうる役割：私たちの認識／本フォーラムは，G8に関する以下の共有認識に基づいて，G8への働きかけを行います。／・G8諸国は，その国際的影響力から，世界の貧困・不平等の解決や国際的環境問題について，特別の責任をもっています。世界の人権や平和の問題についても，G8諸国がはたすべき責任は重大です。／・G8諸国は，気候変動の防止のための行動や，紛争の国際的要因の除去，地球規模での人権確立への率先した行動，途上国の貧困問題へのとりくみや持続可能な開発の促進などを通じ，国際的な指導力を発揮できるはずです。
>
> （下線は引用者による：http://www.janic.org/MT/img/activ/2008JapanG8SummitNGOForum_activity_report_reference.pdf〔最終閲覧2020/2/23〕）

同フォーラムは，「環境」「人権・平和」「貧困・開発」の3つの分野に分かれて，提言活動を行っていきました。下線部からは，本フォーラムが，サミットの「責任」と「国際的な指導力」を明確に認めており，ここではサミットの重要性を高めるようなルール・価値が示されていることがわかります。

もう1つが日本の組織・運動（およそ50団体）によるネットワークである「G8サミットを問う連絡会」です。「呼びかけ」文にもとづいて，ネットワークがつくりだそうとするルール・価値を検討してみましょう。

> 「『G8サミットを問う連絡会』への参加と賛同の呼びかけ」

G8サミットに参加する国々は，世界人口の14%を占めているに過ぎません。また，G8は国際法上の手続きを経た会合ではなく，非公式な会合にすぎません。この会合に意見を反映できるのは，多国籍企業経営者など招待された少数の人びとだけに限られています。それにもかかわらず，G8の合意は，世界の動向を規定しています。このような理由から私たちは，G8は非民主的であると考えています。……近年，G8諸国でもそれ以外の国々でも，G8サミット主導の世界とは異なる，もうひとつの世界をつくろうとする潮流が現れてき［ま］した。

（[] 内，及び下線は引用者による：http://www.jca.apc.org/alt-g8/ja/node/141〔最終閲覧 2020/3/31〕）

このネットワークは，「国際民衆連帯WG（ワーキンググループ）」「貧困・労働WG」「軍事・安全保障WG」「キャンプWG」などに分かれて各分野での批判を行いました。1つ目の下線部では，サミットがごく一部の人びとと多国籍企業の利益を反映した非公式な会合であり，非民主的なサミットでの提言や合意によって「世界の動向」が規定されるべきではないというルールや価値が提示されています。また2つ目の下線部においては「G8サミット主導の世界とは異なる，もうひとつの世界」が新しい価値として提示されています——「NGOフォーラム」の提示する〈サミットが世界を適切に主導していくべき〉とするルール・価値とは異なります。

運動全体が意図的につくりだすルールや価値

サミットの場合，各国首脳の考えは，「首脳宣言」で統一的に示されていましたが，それに対して，サミットに対する運動を構成する多様な運動全体で何か1つのルール・価値が合意され，提示されていることはありません。「NGOフォーラム」と「G8サミットを問う連絡会」のように，ズレが存在しますし，他にも「市民フォーラム北海道」やより小規模なネットワークが存在します。

そこで次善の策として，運動全体でどのような分野のルール・価値が争点になっているのかを朝日新聞データベースを用いて整理してみたいと思います——以下の記述はすべて新聞記事にもとづいていますが，煩雑になりますのでいつの新聞かの典拠は外してあります（より詳しくは濱西〔2016〕）。

2008年北海道・洞爺湖G8サミットの中心的争点は，まず労働争点をめぐるものとして，新潟市で労働サミットが開催されました。また，従来的な反資本主義とネオリベラリズムという争点は，混ざり合いながら登場してきたといえます。「G8サミットを問う連絡会」は，自由貿易や戦争，軍事主義，サービス／資源民営化，不正な税金，グローバル金融支配に対するさまざまな社会運動，そして貧困者組織や女性，移民，市民社会に抗議行動への参加を呼びかけ，札幌市中心部や豊浦町でデモを行い，また壮瞥町でも「反G8サミット北海道（アイヌモシリ）連絡会」と組んで集会やデモを行いました。

また途上国と先進国の関係性（環境，人権，平和，貧困）は，非常に重要な争点となりました。「2008年G8サミットNGOフォーラム」は，環境，人権／平和，貧困／開発の3ユニットに分かれ，G8各国政府に対して政策提言活動を行いました。ローカルの問題も争点となりました。北海道の市民団体，NGO，NPOなど約50団体が組んだ「市民フォーラム北海道」が，7月5日に札幌で「平和や貧困解消を訴える目的」で「チャレンジ・ザ・G8サミット1万人のピース・ウォーク」や「市民サミット2008」を共催しました。環境も争点となり「G8サミットを問う連絡会」のワーキンググループや「NGOフォーラム」の環境系ユニットの取り組み以外にも，エネルギー大臣会合が開催された青森市で「反核燃の団体や市民グループ」が「6・7止めよう再処理！全国集会」を開いています。

まとめると，洞爺湖サミットをめぐる運動が全体としてつくりだそうとするルールや価値は，「労働問題・雇用規制緩和」「資本主義」「上下関係」「貿易規制緩和」「途上国支援・債務問題」「平和・人権」「環境」の分野に及ぶということがわかります。

ちなみにサミット側が意図的につくりだそうとするルールや価値は，洞爺湖サミットの首脳宣言によれば，「世界経済」「環境・気候変動」「開発・アフリカ」「国際機関」「政治問題」という各分野に分かれていましたが，サミット側の「世界経済」は，運動側の「労働問題」「資本主義」「貿易規制緩和」と対応し，同じく「環境・気候変動」は「環境」と対応し，「開発・アフリカ」は「途上国支援・債務問題」に，「政治問題」の一部は「平和・人権」と対応します。

つまり運動は全体でみると，少なくとも意図的次元では，サミットとある程度類似する分野について，しかし異なるルール・価値をつくりだそうとして争っている，ということはいえそうなのです。それゆえ，共通のテーマをめぐって，両者のあいだで妥協の余地もありえるということです。

5-2 非意図的につくりだされるルールや価値

サミットが非意図的につくりだすルール・価値

次に考えてみたいのが，非意図的な次元です。そもそもサミットは，民主的体制の資本主義・先進諸国の首脳が，経済成長，貿易・通貨問題など先進国間の経済政策を先進国家間で調整していくための場として始まりました。①資本主義体制の，②先進諸国が，③国際的な問題を，④首脳レベルで話し合う会合という4つの特徴は，現在もまったく変わっていません。

このような4つの特徴を有するサミットには，会合で合意された「首脳宣言」とは別に，その存在自体がつくりだすルール・価値があります。たとえば資本主義の先進国の集まりが「主要国」と呼ばれることはそれ自体，資本主義が社会主義・共産主義よりも，また先進国が途上国や石油産出国よりも世界の中心なのだというルール・価値を体現してしまいます。会合はある地域で開催されるのに，そこでの議題が国際的な問題ばかりであることは，それらのほうがローカルの問題よりも重要であるというルール・価値をつくりだしてしまいます。そもそも，「サミット（頂上）」という言い方そのものが，ものごとには上位と下位があるというルール・価値を体言してしまいます。

それらはサミットが意図的につくりだそうとしているルール・価値ではありませんが，サミットが毎年開催されるかぎり，そのようなルール・価値は非意図的にであれ，自動的に生み出されていくわけです。

運動全体が非意図的につくりだすルール・価値

最後に，運動が非意図的につくりだしているルールや価値とはどのようなものでしょうか。上述のサミットの4つの特徴に対して，運動の営みも4つに分かれるようにみえます。そしてそのように捉えると，同じ争点を共有するネットワークがなぜ融合せず分離したままなのかも理解することができます。

まず，①資本主義中心のサミットに対して，世界の中心とすることを認めないというルール・価値をつくりだす営みです。この営みは，資本主義という争点と密接に結びつきつつも，新自由主義，貧困や債務問題，資本投資・金融の自由化，労働の不安定化，環境破壊，武力攻撃や軍事占領，国境監視，移民排除政策，ジェンダー，エスニック・マイノリティ，先住民族，地方の経済破綻，ネットカフェ難民，社会の貧困化などの争点も包摂しえます（「G8サミットを問う連絡会」の活動などにみられました）。

次に，②先進国中心であるサミットに対して，先進国を世界の中心とすることを認めないというルール・価値をつくりだす営みです。この営みも，途上国問題・債務問題の争点化とまず結びついたうえで，途上国社会における平和や人権，環境，債務，開発などの争点，また地球規模での環境問題，人権・平和問題，貧困／開発問題とつながりえます（「NGOフォーラム」など）。

第3に，③国際的問題中心のサミットに対して，ローカルの問題をないがしろにしないというルール・価値をつくりだす営みです。この営みも，まず開催国・地域における環境や平和・人権問題の争点と結びついたうえで，平和・基地問題，途上国支援，人権や環境，女性，移民の問題と関連づけられ（2000年の基地包囲行動など），また貧困，開発，環境，人権に関わる多様なアクターとも結びつきえるのです（「市民サミット」や「ピース・ウォーク」など）。

最後に，④ヒエラルキー（上下関係）を正当化するサミットに対して，世界をヒエラルキーで捉えないというルール・価値をつくりだす営みです。この営みも，資本家／労働者の権力関係や，先進国／途上国のヒエラルキー，ラディカル・デモクラシーやアナキズム，マイノリティ，女性，LGBTの人権，動物の権利運動などの争点にまず結びつくとともに，反消費主義，反原子力，新自由主義批判，エコロジー，途上国問題や貧困，平和運動などの争点ともつながりえます（洞爺湖近辺での抗議活動など）。

このように，それぞれ複数の争点を含む，大きく4つの営みが，サミットをめぐる運動全体のなかに存在しているようにみえるのです。そして，同じ争点を共有しつつも運動ネットワークが分離するのは，非意図的なレベルでの営みがまったく異なるからだと理解できるのです。

5-3 営みと争いの水準

世界全体のありようをめぐる争いとズレ

非意図的な営みにも注目すると，4つのルール・価値をつくりだす営みが存在することがみえてきます。それらはサミット側による非意図的なルール・価値をつくりだす営みと対応しており，4つの点をめぐって，正面から争いが起きている状況がみえてくるのです。

4つの営みは，いずれも，世界全体に及ぶようなルールや価値をつくりだす営みであるといえそうです。まず先進国／途上国という区分は世界全体を覆うものですし，「負の側面」が批判されるグローバル化も文字どおり世界全体を覆うものです。国際的な議題よりもローカルの問題を重視するということは，一国家内の話に聞こえるかもしれませんが，世界中において，ローカルを重視せよというルール・価値をつくりだそうとするもので，ローカルが存在しない世界がない以上，それもまた世界全体に及ぶルール・価値です。最後に，ヒエラルキーの批判も一国家内の組織の問題にみえるかもしれませんが，この運動も世界中のヒエラルキーを問題にしているのであり，組織だけでなく国家も国際機関も対象にしています。このように4つの営みはいずれも世界全体に及ぶルール・価値を提起していることがわかるのです。それゆえ，修正版トゥレーヌ理論にもとづけば，世界全体の水準に及ぶ運動として評価できるのです(**3-2** 参照)。

振り返って，サミットと抗議運動全体は，争点としてはかなり重なっていました。それゆえ，共通のテーマをめぐって，両者のあいだで妥協の余地もありえそうでした。

それに対して上述の4つの争いは，敵手との妥協が難しいものになっています。サミット側は資本主義をやめるわけにも，先進国であることをやめるわけにもいきませんし，国際問題中心をやめるわけにも，首脳の会談をやめるわけにもいきません。いずれかが欠ければもはやサミットとはいえないので，妥協の余地がないのです。

反対に運動側は，意図的なレベルに提示しているルール・価値の諸領域に合致させることで，争いを妥協可能なものへと変換しているのかもしれません。

争いの変化

サミットをめぐる運動は，2001年ジェノアサミットから2007年ハイリゲンダムサミットあたりをピークにして，国際協力NGOの活動を除けば，世界的には以前ほどの盛り上がりをみせなくなっていきます。かつてみられた，世界全体に及ぶようなルール・価値をめぐる営みと争いが，国際協力NGOネットワークの営みを除いて，次第に失われているということです。

その背後にあるのはなんでしょうか。1つの可能性は，一国家内でのルール・価値をめぐる営みへと，サミットをめぐる運動が回帰しているということです。実際，近年，人の移動も含めてあらゆる国境を越える動きすべてに反対する「反グローバル化」と呼ばれる動き，反移民，反外国人の運動が，大きな盛り上がりをみせています。じつは，かつてのサミットをめぐる運動のなかにも一部で反グローバル化の立場をとる人びとがいました。その人たちが現在の排外主義的な反グローバル化運動に移行しているということはありえ，それは世界全体の運動の行く末をやや暗示しているように感じるのです。

以上，運動とその敵手の活動をどちらもルールや価値をつくりだそうとする営みと捉え，分析を行ってきました。そうすることで，両者の生産的な関係性を評価することができ，それが現代の社会・世界の行く末を見通していくことにつながるとトゥレーヌは考えているのです。

6 課題や限界，注意点，悩み

本章では，運動と敵手を，ルールや価値をつくりだそうとする営みとして捉えるトゥレーヌの理論を部分的に発展させながら，洞爺湖サミットをめぐる運動（とサミットそれ自体）に適用し，意図的・非意図的な営みと争いを分析してきました。

1つの理論にもとづいて，運動の現代的意義を解釈する研究を進めてきたわけですが，このような研究には，特有の課題や限界，苦労もあります。

課題：理論理解と相対化

まず最大の課題は，その理論を正確に理解することができるかどうかです。トゥレーヌの理論は世界的に知られていて，日本語翻訳書も多いです。しかし，私も最初はなかなか理解できませんでした。トゥレーヌ以前の社会学者たち（マックス・ウェーバーやタルコット・パーソンズ）の研究についてまず理解できていなかったからです。

そもそも学術書では，基本概念はいちいち説明されません。専門用語も，説明せずにほかの参照文献を示して済ませてしまうことが多いです。その文献を読んでも，またその説明自体もよくわからないので，結局，なかなか理解が前に進まないわけです。また本のなかに出てくる運動事例をちゃんと理解するには，1960～80年代のフランスやヨーロッパの社会・運動状況を知らないといけません。最初からそれは無理です。私も現在では，彼の考えをある程度，理解できていますが，もちろん大学院生時代はそうではありませんでした。

もう1つの課題は，理論の相対化・組み換えです。「ルールや価値をつくりだそうとする営み」に関する理論のほうは別によいのですが，社会全体に影響が及ぶようなルール・価値をつくりだすものは何か（労働運動か「新しい社会運動」〔Column❻〕かなど）に関する仮説のほうは，相対化が必要です。トゥレーヌの仮説はあきらかにフランス・ヨーロッパの歴史を前提にしており，現代日本の社会・運動にそのまま応用することはできないからです。違いを考慮に入れて，仮説を組み替える必要があるのです（ちなみそのややこしい作業は濱西〔2016〕で行っています）。

ちなみにトゥレーヌだけでなく，ベックやバトラー，ギデンズ，ハーバマス，ルーマン，カステル，ウォーラーステインなどなど，有名理論家の理論を用いて事例の意義を解釈しようとする場合には，同じような課題を抱えることになるはずです。

注意点：立場性を考える

本章のように，運動の意義を解釈しようとする場合，研究者自身の立場性や権力性は必ず問われることになります。私自身は，調査プロセスで，いくどか，当事者の人に向けて自分の解釈を説明する・執筆する機会に恵まれました。「G6/7/8サミットとは何か——及び，90年代以降の日本開催サミットをめぐる運動状況」と題して報告を行ったことがありますし，依頼されて「洞爺湖G8サミットをめぐるグローバル運動の『俯瞰』——受苦受益，被害加害の観点から」という論稿を報告書に寄稿したこともあります。また自分自身が訪れた海外サミットの報告会を開催したり，異なる潮流のグループの交流の場を設けたりもしました。それらの機会を用いて自分の解釈を提示し，反応や意見をもらい，解釈をより妥当なものへ修正していったのです。社会運動研究においてはよくあることですが，とりわけサミットをめぐる運動の参加者は本当にさまざまです。社会調査倫理上，書けないこともたくさんありますし，私自身の判断で書いていないことも，じつは，山のようにあります。その判断を適切に行えるようになるには，場数をふむしかないところもありますし，当事者の方々とよく話をして，ケースバイケースで事情が異なることを深く理解していくしかないと思います。

限界：当事者，説明

トゥレーヌ理論にもとづいてさまざまな運動を解釈する研究を繰り返したとしても，残念ながら，なぜ・どのようにして，サミットをめぐる運動が形成されたのか，なぜ発展し，なぜ衰退したのか，なぜ成功し，なぜ失敗したのか，これらの因果関係の問いには答えることができません——この問いに答えようとすれば第**2**部の各章が参考になります。

また解釈的研究のなかでも，〈当事者にとっての意味〉や歴史的意義，既存の概念との関係についての問いには答えることはできません。関心があれば同じ第**1**部第**1**章，第**2**章の手法を応用していく必要があります。

EXERCISE ●課題

1 【その場で考えられる問題】思いつくルールを3つあげてみよう。たとえば学校で，職場で，家庭で，地域でのルールにはどのようなものがあるだろうか。

2 【調べたり読んだりしないとわからない問題】日本の法律（どの法律でもよい）を１つ選んで，その法律を変えるのに必要な手続きについて調べてみよう。
3 【調べたり読んだりしないとわからない問題】組織（会社，国際機関，NPO など）を１つ選び，その組織が意図的につくりだそうとしているルールや価値について，ウェブサイトの文章などから，読み解いてみよう。
4 【応用問題】トゥレーヌは，運動がつくりだそうとするもので運動を評価している。では，それ以外に運動を評価する基準には，どういうものがあるだろうか。第１部の他の章をヒントに考えてみよう。
5 【応用問題】もし本章と同じ事例で「なぜ？」（因果関係）に関心があれば，どういう研究になるだろうか。第２部の各章をヒントに考えてみよう。

参考文献　Reference

della Porta, D., M. Andretta, L. Mosca and H. Reiter, 2006, *Globalization from Below: Transnational Activists and Protest Networks*, University of Minnesota Press.

濱西栄司，2005,「集合的アイデンティティから経験運動へ――トゥレーヌ学派モデル／社会学的介入による LETS・変容の事例分析」『ソシオロジ』50 (2): 69-85。

――――，2016,『トゥレーヌ社会学と新しい社会運動理論』新泉社。

――――，2017,「『新しい社会運動』論」日本社会学会理論応用事典刊行委員会編『社会学理論応用事典』丸善出版，618-19。

――――，2020,「A・トゥレーヌ――運動・紛争を中心とした社会学」仲川秀樹編『社会学史入門――黎明期から現代的展開まで』ミネルヴァ書房。

Steger, M. B., 2009, *Globalization: A Very Short Introduction*, 2nd ed., Oxford University Press.（= 2010，櫻井公人・櫻井純理・高嶋正晴訳『新版 グローバリゼーション』岩波書店）

Touraine, A., 1978, *La voix et le regard*, Seuil.（= 2011，梶田孝道訳『声とまなざし――社会運動の社会学』新泉社）

―――― et al., 1980, *La Prophétie anti-nucléaire*, Seuil.（= 1984，伊藤るり訳『反原子力運動の社会学――未来を予言する人々』新泉社）

第 2 部

PART 2

社会運動はなぜ起こるの？なぜ成功・失敗するの？

因果関係の観点から

CHAPTER

第4章

なぜ・どのように形成され・発展する？

グローバル化時代の労働組合から

1 「働く側」からみた社会の景色

アルバイト経験をきっかけに

私のもともとの研究関心

大学院進学当初，私の関心は「社会のグローバル化」に向けられており，それまで社会運動そのものにとくに強い関心をもったことはありませんでした。学部時代は外国語学部に所属し，異なる文化，バックグラウンド，価値観をもつ「よそ者」どうしが互いにいかにそれを受容し，1つの社会をつくるのか，といったことに興味をもち，外国人に対する受け入れ態度の要因を探った卒業論文を書き上げました。その頃，「多文化共生」といったことばをよく耳にするようになっていましたが，私は，グローバル化現象を「多文化共生」という一種の価値規範を含む美しいストーリーに収斂させてしまうことになんとなく違和感を覚えていました。「お互いを理解しあう社会」のシナリオを描くことはもちろん大切だけれども，まずは今後想像もつかないスピードで深化していくグローバル化の行き着く先にどんな社会があり，どんな問題に直面するのかを明らかにしたいという，私なりの小さな野望がありました。

しかし，それを明らかにするために何に着目すればよいのか，当時の私はまだよくわかっていませんでした。そんな状況のなかで経験した，ほんの小さな個人的なできごとがきっかけで，私は社会運動を研究をすることになります。本章ではまず，私の研究対象との出会いからお話ししていきます。

ある英会話学校の狭いスタッフルームで

私は，2009年春に大学院博士前期課程へ進学したのと同時に，研究のかたわら，大手民間語学学校の英会話講師（契約社員）として働くようになりました。講師としての仕事は，これから長く続く（であろう）院生生活のために始めたたんなるアルバイトでしたが，もともとの研究関心である「グローバル化する社会に生きる人たち」が集まる職場であるという点で，私にとっては魅力的でした。4歳から英会話スクールに通っていた私には，「外国人＝ネイティブの英語の先生」という幼い頃の認識がまだ残っていて，その「外国人」が日本社会でどのように働いているのかを知りたいという，ちょっとした好奇心もありました。また，いちばん好きな習いごとが英会話だった私にとって，英会話スクールという空間は楽しかった記憶と結びつき，入社したばかりの頃は，自分の「ホーム」（?）に帰ってきたかのような懐かしい気持ちになっていました。

しかし，実際に働いてみると，幼い頃の記憶にある楽しい英会話スクールとはまったく異なった空間にみえ，働くということをとおして私の知らなかった語学業界の実態を知ることになります。私は非常勤講師として週に3回ほど，曜日ごとに異なる駅前の校舎に出勤し，夕方から小中学生のキッズクラス，夜は社会人向けのビジネス会話クラスやマンツーマンの会話レッスンを担当していました。レッスンではさまざまな年齢層の生徒と接することができて楽しく仕事をしていましたが，研修などを除いて他の講師たちとの積極的なつながりはなく，レッスンの前後に人1人通るのもやっとの狭いスタッフルームのなかで待機する時間はとても孤独でした。曜日ごとに出勤する校舎が違うので，講師どうしの接触は意外にとても少なかったのです。

それでも，同じスタッフルームで黙々と1人でお弁当を食べているネイティブの先生と，少しずつ会話をするようになりました。そこでは，たわいのない世間話に加えて，いわゆる愚痴の聞き手になることが多く，ティッシュ配りの業務についての話や，暑くてもジャケットを着用しなくてはいけない日本の職場文化についての話，生徒とのトラブルのうわさ話なども聞きました。さらに，彼らの仕事への姿勢，（英会話講師とは別の）将来の夢，日本社会や日本人に対する気持ちも知るようになりました。彼らはスタッフルームのなかでは正直な表情でそんな話をし，一歩部屋の外に出るととびきりのスマイルで「陽気なアメリカ人」を演じながらレッスンルームへと入っていきます。

また，講師たちが，1年のあいだにたくさん入ってきては，たくさんやめていく光景も印象的でした。社員が入れ替わる光景は，英会話スクールにかぎらずとも，多くの職場でみかけるものですが，私はその流動性の高さを目の当たりにし，「現代の働き方ってこうなのかもしれない」と漠然と考えるようになりました。その「働き方」の中身はぼんやりとしていましたが，なんとなく，いろんなバックグラウンドの人が働いていて，みんな違うから互いに何かを共有できるほどの共通点もなくて，不安定だけど流動的だからつながることができなくて，ひとりぼっち…というイメージがありました。こうして私は，グローバル化の深化が進むと，（私も含めて）彼らのような孤立しがちな労働者が増えるのではないか，という考えにいたりました。

2 外国人が担い手となる“ロウドウクミアイ”

孤立しがちな人びとをつなぐユニオン

もしかしたら「グローバル化」は労働者をひとりぼっちにする現象なのかもしれません。そう考えたとき，孤立した人びとが社会的に問題を解決する方法はあるのでしょうか。それとも，何か問題が起こっても個人で対処するか泣き寝入りするしかないのでしょうか。

当時，労働者を守ってくれる組織として「労働組合」（Column ❼）があることはもちろん知っていましたが，労働組合が活躍しているというニュースはあまり見かけませんでした。そもそも「労働者」として企業に雇われているにもかかわらず，私は自分の働いている企業に労働組合があるのかどうかさえ知らなかったわけです。そこで，Google の検索エンジンに，私が勤めている会社名と「労働組合」をキーワードを入力したところ，なんと，私が働いていた学校には企業別労働組合がないことがわかりました。しかし，それを知ると同時に，「ゼネラルユニオン」（GU）という，企業のソトにある労働組合に，私が勤めていた学校の多くの外国人講師たちが組合員として加入していることを知ります。当時，労働組合にも労働問題にもとくに関心がなかった私でしたが，狭いスタッフルームに印象づけられた「孤立しがちな労働者」が，どのようにユニオンと結びついているのかが，とても気になりました。私がもともと関心をもっていた「グローバル化の行き着く先」の問題を集合的に解決する方法が「解明できるかもしれない！」という漠然とした期待も抱き，ゼネラルユニオ

Column ❼ 労働組合

労働組合とは，働く労働者たちを組織し，彼らの意見を代表する組織のことです。労働組合の影響力の大きさは「組織率」で測ることができます。日本の労働組合の組織率は，2018 年現在で 17.0% です。これは 100 人の労働者のうち，17 人の意見しか反映されないことを意味します。ではなぜ組織率が低くなってしまうのでしょうか。これにはいくつかの要因が考えられます。日本では，労働組合というと，その多くが企業内／企業別労働組合をさしており，企業単位で組合員が組織されています。企業別労働組合は長らく「正社員・男性・日本人」労働者中心の組織化を進めてきましたが，雇用の流動化，多様化，グローバル化により，非正規雇用者，女性，外国人など新しいタイプの労働者が増えてきました。しかし，これまでの労働組合ではこうした労働者たちを組織する体制になっておらず，そうしたことも原因で組織率が低下しているわけです。また，組織率が低迷するのにともない，労働組合の社会的／政治的／経済的機能も低下していることが指摘されています。さらに，若者の「組合離れ」も顕著になっているといわれています。学生に講義のなかで労働組合のイメージを聞くと，「古いもの」「なんかこわい」「よくわからない」「自分たちには関係ない」といった声が返ってくることがあります。

ンの調査を始めることにしました。

こうして私が出会った研究対象「ゼネラルユニオン」は，1992 年に大阪で結成された個人加盟ユニオンです（**Column ❽**）。現在の組合員数は非公表とされていますが，そのメンバーシップのほとんどが語学産業（民間語学学校／教室，小・中・高等学校の ALT〔Assistant Language Teacher〕，大学講師など）に従事する英語圏の外国人労働者たちです。中心となるスタッフや役員もほとんどが外国人であり，日本の労働組合のなかではきわめてめずらしいタイプといえます。2007 年から連続して発生した大手語学学校の経営破たん時に活躍し，南米系の労働者の組織化にも取り組みながら活動を展開しています。

ゼネラルユニオンの設立経緯

ゼネラルユニオンは，1991 年 2 月に大阪全労協の結成と同じタイミングで設立提起がなされました。既存の労働組合が切り捨ててきた周辺的な労働者を

Column ❽ 個人加盟ユニオン

Column ❼で説明したように，雇用の多様化・流動化・グローバル化などが進むことで，「非正規・女性・外国人」という属性をもった労働者たちも日本の労働市場にたくさん参入してきました。企業内／企業別労働組合の組織率が低下し，すべての労働者の意見を代表する機能が失われていくなか，1990 年代に入ると，「個人加盟ユニオン」と呼ばれるオルタナティブな労働組合が台頭してきます。「個人加盟」という名のとおり，たった 1 人でも入ることのできるタイプの労働組合であり，さまざまな働きかたや属性を受け入れ，孤立しがちな労働者たちの権利を守る組織として注目を集めています。

しかしその一方で，個人加盟ユニオンは企業別労働組合と異なり，出入りが自由なためにメンバーに対する拘束力が弱く，しばしば「回転ドア」（京谷 2018）と表現されるように，問題が解決した時点で脱退をしていく組合員が多いという問題を抱えています。また，90 年代にユニオンの立ち上げに尽力した活動家スタッフたちの高齢化も進み，現在では担い手不足の問題を解決できないまま，担い手の世代交代が心配されているユニオンが多いという状況があります。

個人加盟ユニオンに関心のある人は，『個人加盟ユニオンの社会学――「東京管理職ユニオン」と「女性ユニオン東京」（1993 年～ 2002 年）』（小谷 2013）を読むことをおすすめします。

受け入れることが設立のねらいです。はじめは日本人男性の活動家が中心となり，労働相談にやってくる労働者に個別に対応をしながら，労働者に組合員になってもらうことで組織を拡大させていく「組織化」を進めていきました。その過程において，ゼネラルユニオンの立ち上げ当時から組合員であった，イギリス人男性の活動家の存在は大きく，「国籍を問わない」という点と「外国語で労働相談ができる」という点がゼネラルユニオンの特徴の一部となっていきます。そして，ゼネラルユニオンの組織拡大のタイミングと外国語学校における労働問題の多発が重なり合い，ゼネラルユニオンは多くの外国人講師を受け入れながら，多国籍化していきました（**写真 4.1**）。英会話教室をはじめとする語学産業では，景気変動の影響を受けやすく，理不尽な理由で突然クビにされたり，給料の支払いが遅れたり，社会保険に加入させてもらえなかったりといった労働問題がたくさん発生します。こうしたトラブルに対して泣き寝入りすることしかできなかった外国人講師たちが相談に来ることで，ゼネラルユニオンは孤立しがちな彼らが集合的に問題を解決する場となっていったのです。

写真 4.1　組合員によるデモ行進の様子（ゼネラルユニオン提供）

居場所としてのユニオンととにかく熱心なスタッフたち

ゼネラルユニオンについて調べていくと，そこには，当時私が抱いていた，停滞している「イマドキの労働組合」のイメージとはかけ離れた，組合員たちが熱心に取り組む姿と継続的で活発な活動の軌跡がありました。大阪の天満橋にあるユニオンのオフィスは，いつもにぎやかであわただしい雰囲気です。普段は民間語学学校で働いているスタッフたちは，キッズクラスが始まる夕方までユニオンの業務をこなします。夕方になると，今度は昼間の学校で働くスタッフたちが仕事を終えてユニオンにやってきます。そこには，「労働運動」らしい，闘争する姿勢ばかりがあるわけではなく，何気なくユニオンのオフィスにやってきては皆で仕事のことやプライベートのことなどを雑談しながら過ごす光景がみられました。ルーティーン化された活動，日常性を帯びた運動の一部を垣間みたような気がして，これこそが「イマドキの労働組合」のあり方なのかもしれないと思いました。その印象は（誤解を恐れずに表現すれば……）まるで部員が部室に集まるサークルやクラブ活動のようで，こうして共同作業をすることで連帯感が生まれ，事務所が彼らの居場所になっているのではないかとも感じました。私が経験したように，とくに民間語学学校では，固定的な「職場」がないことも多いためです。ふたたび，英会話学校のあのスタッフルームが頭をよぎります。もし外国人講師たちが，私と同じようにスタッフ

写真 4.2　総会に集まるメンバーたちの様子（筆者撮影）

ルームで孤独を感じるような状況のなかでさまざまな情報を共有し，支え合う仲間たちを必要としているのであれば，ゼネラルユニオンのオフィスは，まさにそうした役割をもっているようにもみえました。

また，もう1つ印象的だったのが，年2回開かれる総会が盛り上がる様子です（写真 4.2）。総会の日は，貸し会議室いっぱいにユニオンのメンバーたちが集まり，1つの議題に何時間もかけて議論をしていました。拍手，かけ声，ヤジなどの反応がとにかく大きく，皆が楽しそうに盛り上がっている熱気を感じます。私は少し距離をおいた状態でそれをポカンとながめていたのですが，その光景は私にとって不思議なものでした。この直感的な「不思議さ」こそが，これからお話しする私の研究上の「問い」につながっていきます。

3　なぜこんなに盛り上がるの？

現場で「不思議だな」と感じた瞬間を大切にする

これまで私が経験して感じたことを断片的にお伝えしてきましたが，次に，ここからどのように研究をスタートさせていったのかを最初にさかのぼってお話ししていきましょう。

まずは，私自身が対象をみてなんとなく「不思議だな」と感じた「謎」を，研究上の「問い」に落とし込もうとしました。いわゆるリサーチ・クエスチョンを設定するわけですが，このとき「私はなぜそれを『不思議』と感じるのか？」と何度も自問自答していきます。頭のなかで整理していくと，ゼネラルユニオンにおけるいくつかの「不思議ポイント」が浮かび上がってきました。

第1の「不思議ポイント」は，(失礼ながら……)「社会運動をやってなさそうな人」が運動の担い手になっているということでした。私の (勝手な) イメージでは，社会運動の中心的な担い手となる人は，専門知識も豊富な「活動家」で，いまの日本社会に不満をもち，「日本社会をよりよくしたい」という意志の強い人でした。しかし，そういったステレオタイプを念頭においてみると，私が出会った運動の担い手 (つまり，英会話学校の外国人講師たち) は，「日本社会をよりよくしたい」という意志が相対的に強いタイプにはみえませんでした。なぜなら，彼らの生活は必ずしも日本に定住することを前提としているわけではなく，ワーキングホリデーや旅行感覚で短期滞在を目的として日本にやってくる人も多いからです。つまり，彼らには問題が起こったらいつでも「帰国」という選択をすることもできると考えられるし，どちらかといえば日本に残って運動の担い手になるよりも，さっさと帰国するほうが合理的な選択のようにもみえます (実際にはそういう人もとても多いのです)。さらに，当然ながら，一時的に滞在するつもりで来た国への愛着心も少ないのではないかと予想することができます。こうした立場で，彼らが熱心に活動するモチベーションはいったいどこにあるのでしょうか。

次に，第2の「不思議ポイント」は，(これもまたさらに失礼ながら……) 彼らが「社会運動をしにくそうな人」にもみえるという点です。具体的に労働運動を展開するなかでは，安定したメンバーシップを確保することが大切です。しかし，彼らの場合，転職率や転居率も高く (つまり，流動性が高く)，運動するために必要な資源も持ち合わせていないようにみえます。さらに言語の問題や社会背景・文化の違いなども考慮すると，彼らは，運動を展開するうえでけっして有利な立場ではないはずです。そんな彼らが，なぜ日本の既存の労働組合以上に，活動を活発化することができるのでしょうか。もっといえば，国内外の労働組合運動の力が弱まるなかで，なぜゼネラルユニオンではメンバーの数も右肩上がりで，人材不足に悩んでいる様子もみられないのでしょうか。

「不思議ポイント」から問いを立てる

「問いを立てる」なんて節タイトルは教科書によくありがちですが,「問いを立てる」って,頭では理解していてもなかなか難しいですよね。私の場合は,すでにみてきたように対象をながめながら漠然と「不思議」と感じたものを書き出し(研究の最初の最初は,いわゆる「印象論」でもいいんです),なぜ不思議と感じるのかを少しずつクリアにしていきます。そして次に,これらをいわゆる作業仮説(とりあえずの仮説)のレベルに落とし込んでいきます。ここから先は,さまざまな切り口の先行研究をレビューしながら,すでに「不思議ポイント」に納得のいく説明をしてくれる研究があるかどうかをチェックしていきます(すでに先行研究が見事に解き明かしてくれている場合は,残念ですがその「不思議ポイント」には潔くサヨナラしましょう)。私の場合は,分析枠組みの検討のために社会運動論についての研究群,事例を位置づけるために個人加盟ユニオンの研究群,運動を説明する変数を検討するためにエスニシティ研究群と,大きく分けて3種類の先行研究を確認していきました。

こうしたレビューから私が知ったことは,個人加盟ユニオンによる運動でもっとも切実な課題は,運動組織の「存続」であるということです。これは,ゼネラルユニオンをみていて感じた「不思議ポイント」と結びつく論点でした。すなわち,労働組合の「組織化」は突発的かつ単発的になされることが多く,さらに個人加盟ユニオンの場合は入退会の自由度が高く,流動性が高いため,フリーライダー(ただ乗り)問題が発生し,結果的に組織が存続できないのではないか。こうした問いをかかげながら,運動の展開を「説明」するために,私は運動側の戦略に着目しようと決めました(これはいわゆる仮説の部分になります)。

こうして設定された私の問いは次のとおりです。

不思議ポイント(たんなる印象レベルでの問い)

「外国人講師という,社会運動をやってなさそうな人たち/やれなさそうな人たちの運動が成果(組織の存続)をあげていることが不思議」

これを社会運動論の問いにすると……⬇

小さな問い（事例レベルでの問い）

「なぜ，運動資源が乏しいはずの外国人講師たちによる運動は一定の成果をあげられたのか」

ゼネラルユニオンの事例を超えて取り組むことができる問いにすると……⬇

大きな問い（事例を超えたレベルでの問い）

「現代社会（グローバル化／個人化のもとで流動的な性質をもち，組織の力が弱体化している社会）における〈孤立しがち〉な人びとの集合行為はどのような条件で可能なのか」

4 “よそ者”としての社会調査

ホスト社会にいながらマイノリティを経験する

ユニオンにとって“よそ者”である私

まだまだクリアになったとは言いがたい「研究の問い」を練り直しながらも，それと並行したかたちで実際に調査を開始しました。社会運動研究ではさまざまな調査法が使われています。実際に運動の参加者になってデータを集める参与観察法調査，運動にまつわるさまざまな資料を収集・分析する手法，マクロな統計データを用いて国際比較をする手法などなど。私は，研究の実証に必要なデータの大部分を参与観察法調査から得ているのですが，じつは参与観察を採用した深い理由はとくにありません。ただ，組織のなかに入ってみないとわからないことをていねいに描いてみたかったのかもしれません。

ここからの話は社会運動研究にかぎった話ではないのですが，参与観察法調査は最初のきっかけがもっとも重要になります。私はツテもない状態で，どのように対象にアプローチをすればよいのかを考えた結果，私が語学学校の講師であることを伝えたうえで，インターネットから組合加入申込書を送ることにしました。数日後，手書きのメッセージが添えられた会員証が届き，いよいよ運動の「参加者」になったことを実感し，そこから具体的な調査をスタートさせました。そのあと，あらためて電子メールで大阪のユニオンのオフィスにメッセージを送り，自分が学生であること，ゼネラルユニオンの活動に研究的関心があって調査をしたいことなどをすべて伝えました。そののち，当時のゼネラルユニオン役員に名古屋で初めて会うことになります。熱血な活動家のイメージを抱きながら待ち合わせ場所に行くと，物腰柔らかな雰囲気で，流暢な大阪弁を話す（！）オーストラリア人男性が2人，声をかけてくれました。この2人はのちに私にとって重要なゲートキーパーとなります。彼らには，私が何を研究したいのかをすべて話し，彼らはそれを理解してくれたように感じました。

しかし，調査を進めるうえで難しかったのは，「外国人・男性・労働者」という社会的属性で構成されるメンバーシップのなかで，当時「日本人・女性・学生」であった私はいわゆるマイノリティだったという点です。さらには年齢階層も異なりました。総会に初めて参加したときには，「場違い」であることを強く感じましたが，こればかりはどうしようもありません。こうして「ホスト社会にいながらもマイノリティを経験する社会調査」がスタートしました。

ただし，客観性を保ちながら調査できるメリットはあったと思います。社会運動は，多少なりともある特定の思想・信条あるいは運動が掲げる理念と切り離せない部分があります。そういった側面からある程度フリーな状態に身をおくことは，研究者として重要なことだと思います。しかしその一方で，「当事者」になることでしか明らかにならない部分へのアプローチが難しく，この点については自覚的になるように努めました。

フィールドのなかで役割をもらう

私の場合，普段は地域支部のオフィスに通いました。そしてすぐに会計の仕事を任されました。おもに，週何回かオフィスに通い，組合費を滞納しているメンバーに電話をして徴収を行うという業務でした。当時はとにかく言われるがまま業務をこなしていましたが，いま振り返ると，会計という，いわば組織の財源を守る大切な業務を任せてくれたのは，「調査者」と名乗る不審人物としてではなく，組合員として信頼してくれていたからだということができるかもしれません。また，調査を開始してからしばらくしたある日，スタッフが私の名前が入った名刺を作成してくれました。そこには，私専用のメールアドレスも記載されていて，話を聞くと，私と同じような日本人組合員をリクルートしたいということでした。組合員の動員について調査をしようとしている当の本人が，動員戦略の真っただ中におかれたかたちになることがよいのか悪いのか，当時の私にはよくわかりませんでした。このように，調査者がそのフィールドに参入することで，フィールド自体が変わってしまう可能性があります。その点はおいておくとして，こうして，会計担当の支部スタッフと，Union representative という2つの役割をもらったことで，この小さなユニオン社会のなかにいる意味を少し見出せたような気がしました。

大阪では，総会への出席，街頭でのビラ配り，英会話教室や大学などへの団体交渉，組織化を目的とした集会，花見，ボウリング大会，ピザパーティーのような親睦会にて参与観察を実施しました。アクティブメンバーへの聞き取り調査やライフヒストリー調査をフォーマル・インタビューのかたちで実施する一方，そのようなICレコーダーとまわさないインフォーマル・インタビューから得られる日常会話から得られるデータも重要になることがあります。

また，「異質な他者」と出会うフィールドワークの際に，調査者自身が調査対象のなかでどのように見られているのかも客観的に把握することは重要であったと思います。かの有名なシカゴ学派のウィリアム・F. ホワイトの名著『ストリート・コーナー・ソサエティ』のアペンディクスには，参与観察法調査の過程で起こったさまざまなできごとが赤裸々につづられています。そのなかで，ホワイトが，フィールド内での調査者の立場・役割について，次のように記しています。

> 最初，私はコーナーヴィルに融合することに集中した。しかし，しばらくすると，私はどの程度地域の生活に浸ってよいかの問題に直面しなければならなかった。……私が知ったのは，みんなは私がみんなと同じように振る舞うことを期待していない，ということである。彼らは，私が彼らに好意的な関心を持ってさえいれば，事実彼らとちがうことに気づいて興味を示し，喜

ぶのだ。そこで，私は完全に没頭しようとする努力を，放棄した。（Whyte 1993［1943］=2000:307）

きっと，「異質な他者」と出会うなんらかのフィールドワークを少しでも経験したことがあるならば，このホワイトの体験談に思わず大きくうなずいてしまうのではないでしょうか。

私は当時，会員証をもつ正式な組合員ではあったものの，ゼネラルユニオンに加入している目的は調査研究であり，そもそも他のメンバーとは目的を共有できませんでした。また，すでに書いてきたとおり，私は「日本人・女性・学生」という社会的属性をもつ立場でした。ゼネラルユニオンそのものが個人加盟タイプであったため，どんな属性でも加入できる組織ではありましたが，この「日本人・女性・学生」の3つの属性をもつ組合員は私しかいなかったため，やはり「場違い感」を引きずっていました。

しかし，ある日，大阪のある語学学校本社ビル前でビラ配りの活動に参加していたとき（**写真 4.3**），いつも活動をともにしていた組合員が，ふざけて私の頭にユニオンのプラカードをのせて，私のことを「君はユニオンガールだね！」と言ったことがありました。そのとき，偶然の思いつきで彼がつぶやいた「ユニオンガール」というひと言で，「みんなから私をみると，意外と場違いではないんだ」ということを教えてもらったような気がしました。調査の過程では，調査対象を客観視することはできても，フィールドにいる調査者自身を客観的にみることは難しいのですが，こうした何気ない会話をとおして再発見することも多かったです。

写真 4.3　抗議行動を行う組合員たちの様子（ゼネラルユニオンのウェブサイトより）

フィールドのなかでコミュニティをつくる

役割をもらったあとに，もう１つ重要なことは，フィールド内に「コミュニティ」をつくることです。もちろん，調査先で人びととのあいだになんらかの接触があれば，積極的なコミュニティ形成をしなくとも，自然と関係は広がっていくわけですが，調査者自身をとりまくコミュニティを客観的に把握していくことが求められます。具体的には，調査者を中心に，調査の過程で交流が生まれたインフォーマントとの人間関係を描いてみると，客観的に自身の位置を確認することができます。

ここでは，私の調査先で形成されたコミュニティについて具体的にみていきましょう。図4.1は，もっともコアな部分を簡単に図式化したものです。まず，最初に接触することができたゲートキーパーとしてお世話になった２人の男性は，調査期間のあいだ，私の研究の目的を理解し，大阪の事務所に行った際にはいつも温かく迎えてくれました。そのうちの１人は，私と同じ会社で働いていて，さらに大阪から東海支部にも頻繁に通っていたため，彼には多くのことを相談しました。また，ユニオンのなかでは，日本人どうしのつながりも生まれました。当時の委員長（日本人男性）には労働組合のあらゆることについて教えていただき，また私と同年代の日本人女性組合員とも総会で話をする関係になることができました。また，日頃の地域支部での活動では，30代と40代男性の２人の組合員とミーティングをし，毎月の会計報告をしていた大阪事務所のスタッフとも業務メールのやりとりをしていました。また，ゼネラルユニオンをとおして出会ったアメリカ人女性組合員とは，Facebook上でメッセージの交換をしたり，一緒にお茶をして過ごしたり，調査以外の時間を共有することもありました。

また，参与観察を続けていくうちに，組織内の文化も自然と内面化されていきます。そういったものもフィールドノーツに書き込んでデータ化することで，内面化されつつも客観的に観察することが可能になります。いま振り返ると，こうして私が作り上げたインフォーマントとの個人的関係は，調査研究をユニオン全体に理解してもらううえでとても重要なものでした。たとえば，私が後述する質問紙調査を実施したとき，郵送された質問票をよく思わない組合員も

CHART 図4.1 筆者をとりまく組織フィールド内コミュニティの一部

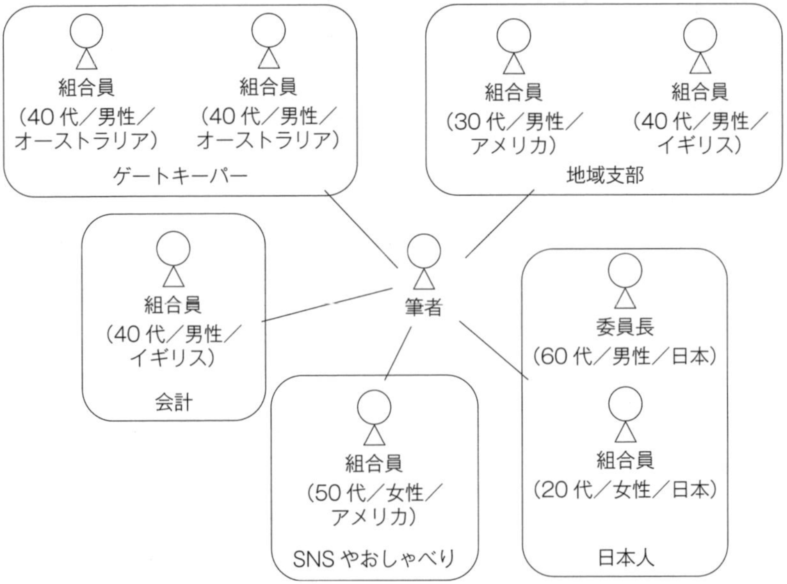

(注) 記載されている年代は調査当時のもの。
(出所) 筆者作成。

いて，総会で意見がぶつかりあったことがありました。そのとき，私がゼネラルユニオンにいることや調査研究について理解するように真っ先に説得してくれたのは，ゲートキーパーや会計の仕事でお世話になっていたスタッフたちでした。その総会では，私は総会に出席した全員の前でなぜゼネラルユニオンを調査する必要があるのかを説明することになりましたが，私が調査の意義について説明することよりも，私と交流のあった組合員たちが私を認めてくれていたことが，その後の調査の継続にとって重要でした。この点にかんして，ふたたび『ストリート・コーナー・ソサエティ』のアペンディクスに共感する部分がありました。

> 私が気づいたのは，地域が私を受け容れるのは，私のどんな説明よりも，私が築いた個人的関係に依拠しているからということである。コーナーヴィルについて本を書くことが良いことかどうかは，人びとの私個人に関する意見にまったく依拠している。私が良ければ，私の研究課題も良いのである。

もし私が駄目であれば，どれだけの説明をもってしても，本が良い内容だと人びとを納得させることができない。(Whyte 1993[1943]=2000:304)

また，参与観察法調査を実施するプロセスのなかで，一次資料の収集にも努めました。ユニオンのオフィスにはさまざまな資料が残っていたので，まずは写真やビラ原稿などを電子ファイルで送ってもらいました。総会資料，ユニオンのニューズレターや機関誌などの刊行物，新聞記事，争議のために作成された資料，会議録，作戦会議の際に書かれたメモ書きなどもすべて記録に残しました。

質問紙調査の設計ミス

参与観察法調査には長い時間とたくさんの労力がかかりますが，残念ながらそこから得られたデータですべてが明らかになるわけではありません。その理由の1つは，対象がどうしても組織の中心にいるスタッフに偏りがちになるからです。しかし，研究するうえでは，ユニオンに加入しているものの，積極的には活動に参加していない層について把握する必要がありました。そこで，全組合員向けの質問紙（いわゆるアンケート）調査を2回実施しました。ゼネラルユニオンに許可をもらい，郵送形式で配布しましたが，それでもユニオンから距離をとっている人たちからデータを得ることは難しいです。

質問票の作成には十分すぎるくらいの時間をかけることが大切です。なぜなら，質問票の設計に問題が生じると，せっかく労力をかけて作成したものでも分析ができなくなってしまいます。聞き取り調査にはやり直しがきくこともありますが，質問紙調査にはセカンドチャンスはありません。

ここで，恥ずかしながら私が実際に作成した質問票の失敗例をみていきましょう。**表4.1**は，2013年に実施した組合員向けの質問紙調査の結果の一部で，「来日した理由」を尋ねるための設問の単純集計結果です。私が想定した彼らの来日理由は「仕事を見つけるため」「家族の都合で」「より多くの収入を得るため」「より自分らしく働くため」の4つでした。おそらく「仕事を見つけるため」に回答が集中するだろうという予測もしていたのですが，結果は「その他」に回答が50%ほど集中してしまいました（！）。明らかな設計ミスで

CHART 表 4.1 質問票の設計ミスの例

仕事を見つけるため	27.5%
家族の都合で	15.6%
より多くの収入を得るため	0%
より自分らしく働くため	6.4%
その他	50.5%

（注） 筆者実施の調査のなかの「外国人組合員が日本に来た理由」についての設問。
（出所） 中根（2018:72）より引用。

すが，いま振り返れば，調査対象のことについてあまりに知らなさすぎたことが失敗の要因でした。不幸中の幸いで「その他」の回答には，自由記述欄を設けていましたので，「その他」と答えた半数以上の回答者の来日理由が具体的に何だったのかを知ることはできました。自由記述に書かれていた内容は，たとえば「冒険がしたかったから」「異国の文化を体験してみたかったから」「旅行をしたかったから」「日本やアジアが好きだから」「母国が嫌いだから」などでした。もし，私が彼らの来日理由を質的レベルのデータである程度把握できていたのであれば，この選択肢の設計も変わっていたでしょう。

ただ，言い訳になってしまいそうですが，私自身が英会話学校で講師をしていた期間，非組合員の外国人講師たちにも接触して，インフォーマルなかたちで彼らの生活実態やユニオンへの評価などを聞くという，プレ調査も実施してきました。企業に了承を得て外国人講師たちの生活実態を知るための質問紙調査（中部エリアの外国人講師全員に配布）も実施し，私のなかでは外国人講師たちの基本的なデータはすでに把握しているつもりでした。また，質問と選択肢を設ける難しさはワーディング（調査票に使う言葉や言いまわし）の問題にもつながります。ワーディングについても，先行研究などをとおして過去に実施された質問紙調査の質問票を数種類，手元に集めておきましょう。これは，次の節で取り上げる変数の操作的定義の話でも繰り返し強調する部分ですが，「何を測りたいか」を明確にしないとワーディングも定まりません。

以上の失敗例もふまえると，質問紙調査は「何かを知りたいから試しにやってみよう！」という姿勢ではなく，質的調査から得られたデータをもとに立てた仮説を論証するために実施することが重要です。仮説検証型の手法を意識して調査票を設計することを強くおすすめします。

5 どうやって測る？

「不思議」を「説明」する変数を操作的に定義する

次に，こうした方法で得たデータを分析していきます。社会運動を「説明」するのであれば，まず「何で何を」説明するのかという点を明確にする必要があります。社会学を勉強している皆さんにとって，社会を「測る」ことの難しさはすでに感じられているかもしれませんが，もちろん社会運動を説明する際にもこの難しさがつきまといます。運動のナゼを「説明」するためには，質的データと量的データと問いのあいだを行ったり来たりしながら，「何をどのように測ればよいのか」という点をよりいっそうクリアにすることが求められました。それを明らかにするためのカギとなるのは，変数（variable）です。「説明」のための分析過程では，質的データでも量的データでも，変数と因果関係を常に意識して考えていきます。

私の場合は，ゼネラルユニオンを社会運動組織（social movement organization）として想定し，運動資源をどのように動員するのか（持続的にメンバーシップを維持する動員構造，市民社会〔運動のソト〕へのフレーム提示）という視角から運動の成否を決定づける要因を説明することにしました（「運動の成否」とは何かについては，ぜひ第**5**章をご参照ください）。ここで，私の分析に用いたすべての変数の定義をみていくことは難しいのですが，1つ例をあげますと，これまで運動の説明に用いられてきた重要な変数として，社会的ネットワークに関する変数があります。社会的ネットワークという概念は，社会関係資本という概念とともに，分析上の測定が難しいものの1つです。社会的ネットワークあるいは社会関係資本を説明変数とする研究は，社会運動研究のみならず社会学のあらゆる領域で蓄積されているし，もちろん，社会的ネットワークそのものを従属変数とした研究（つまり，何が社会的ネットワークを構成しているのかを明らかにする研究）も存在しています。用いられる用語も，ネットワーク（network），紐帯（tie）などさまざまです。そこで，私は適宜社会的ネットワークそのものに関

CHART 表 4.2 Diani and McAdam（2003）の各章における着眼点

	ノード	紐帯	ネットワークの概念／測定	従属変数
Passy	アクティヴィスト個人	私的紐帯（親族，個人的な友人など）公的紐帯（アソシエーション，公共団体など）	エゴネットワーク（紐帯の存在／不在；範囲）	参　加
Anheier	アクティヴィスト個人 組　織	公的紐帯（アソシエーション，公共団体など） 連帯するアクティヴィスト	エゴネットワーク（紐帯の存在／不在；範囲）	右翼ネットワークの組織構造
Osa	組　織	連帯するアクティヴィスト		敵対的なネットワークの構造
Diani	組　織	資源や情報の交換など	メンバーシップの重なりからなるネットワークの中心性 組織間ネットワークの中心性	組織間ネットワークの中心性 メディアと制度の一定の紐帯
Ansell	組　織	資源や情報の交換など	運動ネットワークの位置（構造的等価性）	協働ガバナンスへの姿勢
Tilly and Wood	社会集団	直接的紐帯 （要求） （攻撃）	構造的等価の中心性	争いの構造（同盟や敵対範囲）
Oliver and Myers			ネットワークの密度 ネットワークの構造（集中化）	異なるネットワークにおける参加率
Broadbent	ローカルコミュニティ		エリートたちとの紐帯	異なるコミュニティにおける抗議の成功

（出所） Diani and McAdam eds.（2003: 13）をもとに筆者作成。

する研究にさかのぼりながらも，運動を社会的ネットワークから説明している先行研究を整理することから取り組みました。

たとえば Diani and McAdam eds.（2003）は，「社会運動とネットワーク」をテーマに構成された著書です。表 4.2 は，この本のそれぞれの章における着眼点を整理したものです。これをみると，「紐帯」や「ネットワーク」がさす事象，「ネットワーク」を測る指標すべてが，それぞれの研究で異なることが

Column ❾ 資源動員論

本章のテーマである「社会運動がなぜ・どのように形成・発展する？」という問いを考えるとき，因果関係では当然「社会運動の成否」が被説明変数になります。では，それを説明するファクターは何が考えられるでしょうか。たとえば，かつては人びとの不満など，心理的状況の程度が運動の成否を決めるという主張がありました（この立場を「集合行動論」といいます)。しかし，その一方で，集合的な不満の強さだけで運動がうまくいくかといったらそうでもないのでは，という指摘も出てきました。運動組織が運動をうまく展開し，結果に結びつけるためには，安定的な組織のメンバーシップが必要であるし，資金も要るし，協力関係だったり情報を共有できるようなネットワークも要るし，……といった具合に，いろいろ必要な要素があるでしょう。こうした必要な「資源」を手に入れられないと運動はうまくいかない――つまり，外的な環境からいかに「資源」を集められるかが，運動の成否を決めるのだ，と主張してきたのが，「資源動員論」の立場です。

わかります。「紐帯」がさすものとしては，私的紐帯（親族，個人的な友人など)，公的紐帯（アソシエーション，公共団体など)，アクティヴィストたちの連帯，資源や情報の交換経路などとバリエーションがみられます。とくに，個人のもつ組織内外のネットワークなのか，組織間のネットワークなのかという違いは決定的に重要です。また，「ネットワーク」の測定についても，紐帯の存在／不在（ダミー変数を作成して測定できます)，紐帯の範囲（尺度，連続変数)，組織間ネットワークの中心性，分散／集中といった密度，位置や重なりなど，着眼点はさまざまです。

私の場合は，動員構造を実証する過程で，資源動員論（Column❾参照）を採用し，組織間よりも組織内外の個人のネットワークに着目していきます。とくに，聞き取り調査を進めていく過程で，組合員が形成する「インフォーマルなネットワーク」のもつ動員機能，しかも日常性を帯びたネットワークが強く効いているのではないかということが明らかになってきました。たとえば，以下は私が行った組合員への聞き取りの一部です。

CHART 表4.3 Passy（2003）の分析で用いられる説明変数

社会化の機能
フォーマルなネットワーク
運動に近いネットワークに埋め込まれている
他のフォーマルなネットワークに埋め込まれている
インフォーマルなネットワーク
インフォーマルなネットワークへの埋め込み
構造的な関係の機能
フォーマルなネットワーク
フォーマルなネットワークをとおした動員
インフォーマルなネットワーク
組織のメンバーによる動員
加入者による動員
支持者による動員
アクティヴィストによる動員
弱い紐帯（顔見知りなど）をとおした動員
強い後天的な紐帯（親しい友人など）をとおした動員
強い帰属する紐帯（家族など）をとおした動員

（出所）Passy（2003: 32）をもとに筆者作成。

ゼネラルユニオンのメンバーとは仲が良いが，「これはユニオンの支部会議です」という感じで会っているわけではない。日常的に仕事後によく一緒に飲んだりする。すごく賢いアイディアだと思う。なぜならノープレッシャーな状態だから。集まりにはゼネラルユニオンのメンバーじゃない人もいる。メンバーじゃない人にはゼネラルユニオンの話をするけど，でも強制は絶対しないことにしているの。……今は，ソーシャルナイトを企画中。ボウリングとか映画とか。すごくいいアイディアだと思う。メンバーじゃない人も誘えるし，ゼネラルユニオンの話ばかりをしなくてもいい。そういう空間は，プレッシャーをかけずに，メンバーじゃない人にゼネラルユニオンへの加入において何らかの影響を与えられる可能性がある。（中根 2018:97）

「インフォーマルなネットワーク」への着目については，先行研究群のなかでも Passy（2003）の分析からヒントを得ました（表4.2の最上部分）。表4.3は，Passy の分析で用いられている社会的ネットワーク関連の説明変数を一覧にしたものです。このような変数が Passy の研究のなかでどのように操作的に

Column ⑩ 動員構造論と政治的機会構造論

Column ❾で紹介した資源動員論の流れは，のちに「動員構造」(mobilizing structure) への着目と「政治的機会構造」(political opportunity structure) への着目という２つの流れへと派生していきます。動員構造論は，社会運動に必要な人材，資金，空間などさまざまな「資源」を調達するための組織構造に焦点をあてた理論です。本章で取り上げたゼネラルユニオンの事例の場合，何よりも組織基盤の脆弱性が研究的着眼点であったため，動員構造論の枠組みで分析することが求められました。

しかし，運動の成否を，運動をとりまく政治的状況や環境に外在するものに求める，政治的機会構造論の着眼点も社会運動論の発展に大きく貢献をしてきました。もし，皆さんの知りたい運動の成否や発生そのものが，政治的イベントの発生と相互に関連しあっていそうならば，その直感を大切にして，政治的機会という観点から運動をみてみましょう。たとえば，新聞のデータから政治的イベントの発生数を時系列に整理して読み解いたりします。ゼネラルユニオンのようなグローバル化のもと展開される運動の事例の場合，入国管理法の改正など外国人の受け入れをめぐる政治的態度の変化は，動員の成否と運動の成果に大きなインパクトをもたらすかもしれません。政治的機会構造論の枠組みは，運動のまわりで起こった政治的なできごとを整理することで，社会運動をよりマクロな観点から捉えることが可能になります。

定義されているかは，質問のワーディングとともにアペンディクスに記載されていますので，それらを参考に私自身の参与観察法調査のなかでの用い方を考えていきます。また，「個人のインフォーマルなネットワークが個人の活動参加を説明する」という手法を採用している研究としては，McAdam (1988) のフリーダムサマー運動研究からヒントを得ました。

私の研究では，質問紙調査から得られたデータを用いた多変量解析をとおして，組合員のゼネラルユニオンへの動機づけを探究していきました。質問紙調査の調査票を設計することで，因果関係や変数を意識することができましたが，質問数の制約などもあり，本当に測りたいものを正確に測ることができたかというとそうではありませんでした。

CHART 図 4.2 社会保険要求キャンペーンのビラ

（出所）ゼネラルユニオンから提供されたものを筆者が一部加工。

運動側の戦略を「説明」する

次に，私の研究の核となる分析であった，運動側の「戦略」の分析の仕方をみていきます。社会運動研究のなかでも，とくに「資源動員」や「フレーミング」の視角からの研究では，運動の「戦略」的側面に着目する方法が多く採用されています。資源動員自体が戦略の一部という見方もあります。ただ，「戦略」を明らかにするのは，個人の参加要因を明らかにするよりも難しかったです。何が難しいかというと，データの扱い方です。「戦略」は，「運動側」，つまり運動の方向性を決定づける中心的アクターへの聞き取り調査から明らかにしていくことになるのですが，たとえば「組合の執行委員が語ること」をそのまますべて「戦略」のデータとしてしまってよいかというと，そうではないわけです。それがどこまで意図的／無意図的に運動を展開していく手法として採用されているのかを，より客観的に分析・論証していくことが求められます。

私の場合は，新規メンバーの動員，また外部社会からの支持動員のための戦略を明らかにしたいので，スタッフへの聞き取り調査から得られたデータ以外にも，新しいメンバーを動員するための会議でホワイトボードに書かれたメモ

Column ⑪ 運動のフレーム

皆さんはどんなときに社会運動に惹かれ，「参加してみよう！」と感じるでしょうか。たとえば，運動に参加している人びとがインタビューで語ることばに感動して……とか，たまたま街頭で渡されたビラに書かれたキャッチコピーに惹かれて……など，興味を抱くようになったポイントやきっかけは人それぞれでしょう。しかし，いずれにしても，人は運動のある側面にふれると，それを自身のなかで「解釈」し（これは誰のためのどんな運動である，など），それに共鳴することで初めて運動にコミットしていきます。この解釈の枠組みのことを「フレーム」といいます。そして実はこのフレームは，運動側から戦略的あるいは意図的に提示されることもあります。たとえば，運動側がビラを作成するとき，「どんな運動に見せたいか」という解釈枠組みをあえて戦略的に提示できるよう，運動のネーミング，キャッチコピー，スローガンなどを決めることで支持を増やすことができます。こうした運動のフレーミングもまた，運動の成否を決定づける説明変数としてその効力が注目されています（このフレームに着目した研究の詳細は，第**5**章をご参照ください）。

などもデータとして用いました。また，運動に使われたビラ（図4.2）の内容，広報のための冊子がどこにおかれているかなどのデータも，とくに意図せざる戦略を明らかにするうえで決定的なデータになりました。

分析から明らかになったこと

こうして一連の分析を経て得られた知見について振り返ってみたいと思います。もっともシンプルにいえば，私の研究から得られた知見は「動員構造が運動組織の存続を規定していた」ということでした。より具体的にいうと，ゼネラルユニオンは，制度的でないエスニックなコミュニティ領域から社会的ネットワークやエスニック組織間のネットワークなどを動員することで，未組織労働者の組織化や組合員たちの組合活動参加を促し，組織的な基盤の弱さを克服していることが明らかになりました。さらに，マスメディア，日本人活動家のもつ資源，公共空間などを運動資源として動員したり，動員のためのフレーム調整（**Column ⑪**）によってホスト社会と共有できるイシューを取り上げたりといった動員戦略を採用することで，組織のイメージ形成や正当性の調達を可能にしていることも明らかになりました。

私は，こうした分析の結果をまとめるプロセスのなかで，この事例の「汎用性」について悩みました。私が明らかにしてきたものは作業仮説レベルのものばかりで，「ゼネラルユニオンの事例だからいえること」でしかないのかもしれないと思ったのです。もちろん，調査や分析を進めるなかではそれを知ることしか頭になかったのですが，社会のグローバル化の一側面を描くだけでなく，（オーギュスト・コント的にいうと）グローバル化の先を「予見」することに貢献するためには，導出した知見にどこまでの汎用性があるのか，ということを考えていかなくてはなりません。ここで，私はいくつかの根本的な研究上の問いに立ち戻ることになりました。これについては次節に書いていきます。

6 課題や限界，注意点，悩み

そもそもゼネラルユニオンの活動は「運動」なのだろうか

章の終わりにこんなことを問い直すなんて元も子もないと思われるかもしれませんが，じつは私はこの問いをいまでも繰り返し考えています。はたしてゼネラルユニオンの活動は「社会運動」なのでしょうか。調査をとおしてみえてきたのは，非日常性のある運動らしさよりも，毎日のルーティーンのなかで日常性を帯びている行為でした。もしかしたら，当事者は「運動」だと認識していないかもしれません。

私の研究では，社会運動論の枠組みを採用してゼネラルユニオンの事例を分析してきましたが，ゼネラルユニオンが労働組合であるかぎり，それは労働運動研究の文脈にも位置づけられます。では，「社会運動」と「労働運動」って何が違うのでしょうか。多くの人にとっては，おそらく労働運動は社会運動の一部であるという認識でしょう。「新しい社会運動」論（Column❻）に即していえば「古い社会運動」といえるかもしれません。しかしながら，ゼネラルユニオンの事例では，担い手の属性がその運動を彩っている点に特徴があります。

Column ⑫ 社会運動ユニオニズム

社会運動ユニオニズム（social movement unionism）は，従来の労働運動と差別化される「オルタナティブな労働運動」を表すもので，さまざまな社会的属性をもつ労働者による国際的な連帯を捉えるための概念として生まれました。他にも「社会運動的労働運動」あるいは「新しい労働運動」とも呼ばれており，「新しい社会運動」（new social movement）の台頭により，従来の労働運動が「古い社会運動」として位置づけられることに対するアンチテーゼであると解釈できます。たとえばアメリカでは，これまで「周辺労働者」とされていた移民たちが連帯し，大規模な労働運動を成功させた事例があります。これは労働組合の「再活性化」の姿であると評価されると同時に，「移民」というアイデンティティの模索という，これまでの労働運動にはなかった目的も付与された，既存の枠組みを超えた運動と捉えられました。日本では，個人加盟ユニオンが事例となって，社会運動ユニオニズムの研究が進められています。

社会運動ユニオニズムについてより詳しく学びたい人は，『社会運動ユニオニズム』（山田 2014）を参照されるとよいと思います。

彼らは労働組合という運動組織での活動を利用して，「外国人」あるいは「不安定なホワイトカラー（＝語学講師）」としての権利も主張していきます。私はこうした活動を目の当たりにするたびに，「これは労働運動なのかどうか」といった点も考えさせられました。「外国人」の運動なのか，「労働者」の運動なのか，あるいは「語学講師」の運動なのか。ゼネラルユニオンの事例では，誰による誰のための運動なのか，という点の判断が難しいのです。私の研究上では，ゼネラルユニオンの事例は，「新しい社会運動」的側面をもつ労働運動をさす，社会運動ユニオニズム（Column ⑫）の事例として位置づけています。

ただし，この点をさらに追究していくためには，運動側がそのアクションに求める意味，参加者にとっての意味と意味付与，社会的な意味づけ，などに着目する必要があります。運動に参加する人のなかでも，1人ひとり運動に対する解釈が異なります。ある人は「これは私たちのアイデンティティを確立するための運動なのだ」と主張する一方で，ある人は「これは外国人だけでなく，日本社会全体のための運動なのだ」という認識でいる人もいるわけです。これに明確な答えが出せないことが社会運動の「説明」の限界であり，ここで「意味・解釈」への視点の必要性をあらためて確認することができます。

どのレベルで運動をみるのか：人，組織，空間

社会運動に関する先行研究を整理していると，「運動」をどのレベルで分析するのかが研究によって大きく異なっていることに気づきます。これは社会運動研究だけでなく，社会学を研究する以上避けてとおれない課題なのですが，社会運動も含めた「社会」は，おそらく分析対象となりうる事象のなかで最も不可視的でたえまなく変化する，じつに捉えにくい対象です。社会運動は「ダイナミクス」なので，人，集団や組織，空間を限定的に対象化するだけでは，運動そのものをありのまま描くことは難しくなります。さらに，多くの社会運動が，必ずしも運動組織を中心として展開されているわけではありません。現代社会の多くの側面がそうであるように，組織単位で動くというよりも，ゆるやかなネットワークを形成しながら，あるいはまったく規則性もなく現れては消えるような一過性の動きをみせる運動もあります。第**3**章で取り上げたデモのようなアクションも，明確なアクター，組織のかたちがあるわけでなく，運動のアリーナにおいて発生する流動的な社会現象です（組織にとらわれない運動については第**6**章をご参照ください）。

こうした視点からみると，私の研究は，一部のアクターと一部の組織を集合行為アリーナから切り取った限定的な研究だといえます。よく「これはアクターの研究なのか，組織を分析したものなのか」という質問をいただくのですが，その両方をみたかった私は，アクターの運動参加要因分析と，組織を説明する理論とのあいだで常に板挟みになるという悩みも抱えることになりました。どのレベルで運動を分析するのか，を決めるためには，当たり前のことですが，先行研究群を類型化してみるとよいと思います。先行研究を読むたびに「これはどのレベルの話かな？」と考えてみましょう。

説明するための言葉の問題

最後に，運動の説明につかう用語の選び方も，私にとっては悩みの種でした。労働組合研究者から指摘されたのは，私の研究は労働組合を対象としているに

もかかわらず，なぜ「組織化」（organization）ではなく「動員」（mobilization）という用語を使うのか，ということでした。じつは，「組織化」でなく「動員」という用語を用いることには，私なりにかなり強いこだわりがありました。それは，先に述べたように，私はこの研究を労働（あるいは労働組合）運動研究ではなく，社会運動研究および社会運動ユニオニズムの文脈のなかに位置づけたいというこだわりであり，同時にこれもまたすでに述べたように，被説明変数を「組織の存続」に設定したこだわりでした。既存の組合研究が従属変数としてきた「一時的な組織化」は，運動資源のとぼしい状態におちいりやすい特徴をもつ現代における，運動のゴールではありません。「持続的な資源動員が運動の成否を決める」という知見の新しさを強調したいというねらいがありました。説明するための言葉をチョイスするときは，「何の理論に貢献したいのか」を考え，こだわりをもつことも重要です。

EXERCISE ●課題

1 【その場で考えられる問題】最近の日本社会には，どのような労働問題があるだろうか。新聞記事，テレビやSNSやウェブサイトのニュースなどで目にしたものをあげてみよう（たとえば，派遣切り，ブラックバイトなど）。

2 【調べたり読んだりしないとわからない問題】日本社会では，1であげた問題を解決するために，どのような動きがみられるだろうか。こうした問題に取り組むナショナルセンター，企業別労働組合，個人加盟ユニオンなどをインターネットでみつけて，どのような運動組織がどのような活動に取り組んでいるのかを調べてみよう。

3 【応用問題】2で調べた運動組織は，活動を展開するうえで必要な資源をどのように調達しているのだろうか。また，活動を広げるためにどのような方法（戦略）をとっているだろうか。運動の個人／組織間ネットワークに着目して，考えてみよう。

4 【応用問題】本章で紹介したゼネラルユニオンは，誰にとってのどのような運動として解釈できるだろうか（第5節参照）。また，日本社会からみて，ゼネラルユニオンの活動はどのように解釈できるだろうか。

参考文献 Reference

Diani, M. and D. McAdam eds., 2003, *Social Movements and Networks: Relational Approaches to Collective Action,* Oxford University Press.

小谷幸, 2013,『個人加盟ユニオンの社会学――「東京管理職ユニオン」と「女性ユニオン東京」(1993年～2002年)』御茶の水書房。

京谷栄二, 2018,「『働き方改革』の論点と労働研究」『日本労働社会学会年報』29: 11-44。

McAdam, D., 1988, *Freedom Summer.* Oxford University Press.

中根多惠, 2018,『多国籍ユニオニズムの動員構造と戦略分析』東信堂。

Passy, Florence, 2003, "Social Networks Matter. But How?," M. Diani and D. McAdam eds., *Social Movements and Networks: Relational Approaches to Collective Action*, Oxford University Press.

Whyte, William F., 1993 [1943], *Street Corner Society: The Social Structure of an Italian Slum*, University of Chicago Press.（= 2000, 奥田道大・有里典三訳『ストリート・コーナー・ソサエティ』有斐閣）

山田信行, 2014,『社会運動ユニオニズム――グローバル化と労働運動の再生』ミネルヴァ書房。

CHAPTER

第5章

なぜ成功・失敗する？ どのように影響を与える？

ドイツの原子力施設反対運動から

1 私がドイツの原子力施設反対運動に惹きつけられたわけ

チェルノブイリの衝撃

1986年4月26日。それは，私が仙台市内の小学校の3年生のときでした。旧ソ連（現在のウクライナ共和国）のチェルノブイリ原子力発電所で，4号炉が炉心融解ののちに爆発するという，大事故が起こりました。原発事故の深刻さを示す評価尺度で「最悪」を意味する「レベル7（深刻な事故）」の事故でした（その25年後の2011年に日本の東京電力福島第一原子力発電所で同レベルの最悪な事故が発生するのですが，当時の私には，そのようなことは知る由もありませんでした）。

当時のテレビニュースや新聞での報道内容の詳細は覚えていないものの，それらを観て「原発事故，怖い！」という強烈な感情をもったことはよく覚えています。「雨に放射性物質が含まれている可能性があるから，雨に濡れないように」と注意されたことも，鮮明に記憶しています。

それと同時に，小学生の私は，「（私がいる）宮城県内にも女川原発という原発がある」ことを知り，とてつもなく不安な気持ちになりました。女川原発から仙台市の自宅までどのくらい離れているのかを地図帳で調べたり，「女川で何かあったらコンクリートの建物に避難しよう」と決めたりしたほどでした。遠い異国の地で起きた原発事故でしたが，それほどまでに，私にとっては大きな衝撃だったのです。そして私の不安はやがて，「大人たちはなぜ，女川であんな危ないものを動かしているのか？ なぜ，止めてくれないのか？」という疑問へと変わっていきました。

中学校，高校と進学するにつれ，女川原発で事故が起こるかもしれないという私のなかでの危機意識は薄れていきましたが，それでもやはり原発に対する疑念はもったままでした。そんな私が大学生だった2000年6月，またもや遠い異国で，私に衝撃を与えるできごとが起こります。今度は，ドイツからもたらされたポジティブな衝撃でした。ドイツの連邦政府が，原発を所有する電力各社とのあいだで，脱原発に向けた基本合意を成立させたのです。具体的にそ

Column ⑬ ドイツの脱原発

2000年6月，社会民主党（SPD）と緑の党からなる連邦政府は，原発を運営する電力各社とのあいだで，国内20基の原子炉すべてを段階的に停止することと，2005年7月以降は使用済み核燃料再処理の海外委託を停止することとを盛り込んだ，基本合意を実現させました。この合意にもとづいて2002年4月に原子力法が改正され，ドイツ社会は脱原発への道を歩み始めました。この脱原発への歩みは，第2次メルケル政権（2009年10月発足）によっていったんは停滞したものの，2011年3月の福島第一原発事故を受けて事態は急展開します。

福島第一原発事故を受け，連邦首相メルケルは，わずか3カ月あまり前に自身が先頭に立って決定した原発の稼働期間延長を撤回し（2011年3月），それまでの「原発延命」から一転して脱原発へと大きく舵を切りました。2011年6月には，2022年までに脱原発を達成することを盛り込んだ第12次改正原子力法が連邦議会で可決され（7月8日に連邦参議院で承認），ドイツ社会は脱原発への道を歩むこととなりました。

こうしてドイツ政府の方針転換がすみやかかつ劇的になされたため，ドイツの脱原発というと，とかく“2011年”に注目が集まりがちです。しかし，ドイツのエネルギー政策の転換にとっては“2011年”がすべてではありません。そこに連なる前史，すなわち2000年の基本合意と，さらにはそれをもたらした40年以上にわたる原子力施設反対運動の歴史とが重要な役割を果たしています。ドイツで福島第一原発事故を受けた政策転換がかなりの短期間で可能だった背景には，それ以前から，原子力から再生可能エネルギーへの転換のための準備が着々と進められていたことがあげられるためです。脱原発基本合意が達成され，あわせて再生可能エネルギー法が制定された2000年が，ドイツの脱原発の隠れた転換点として存在しているのです。

れは，原発の稼働期間を原則32年間としたうえで，その稼働期間に達した原発から順次閉鎖していき，最終的にはドイツ国内の原発をすべて閉鎖するというものでした。

このことは，「大人たちはなぜ，あんな危ないものを動かしているのか？ なぜ，止めてくれないのか？」という，私が小学生の頃に抱いたモヤモヤに対する1つの答えになったのでした。「止めてくれる大人もいるんだ，止めることができるんだ！」という。しかも，このドイツでの脱原発の基本合意が，社会民主党（SPD）と緑の党の連立政権下で達成されたものであり，緑の党が反原発運動を支持基盤にして勢力を拡大してきた政党であったことも，大いに私の興味を引きました。こうして，もともとドイツという国に興味があったこともあり，大学院への進学を考えていた私は，大学院でドイツの原子力施設反対運動を対象にして研究に取り組んでみようと決めたのでした（Column ⑬）。

ドイツの反対運動の迫力

大学院の修士課程に入ってからは，もっぱら，原発とその関連施設（原子力施設）への反対運動について，ドイツの事例を調べました。ドイツ語は，学部1年生で必修の第2外国語として履修したほかに，中級の授業を2つ3つ履修した程度でしたが，辞書を片手に時間をかけながら文献を読みました。そうやってさまざまな資料を調べていた私が目の当たりにしたのは，ドイツの原子力施設反対運動が有するけた違いの動員規模です。それは，単純に，写真を見るだけでも明らかでした。たとえば，修士時代に私が目を奪われた写真があります（写真5.1）。この写真には，5000人の参加者という一文が添えられています。都市部ならばいざしらず，人口2700人ほどの，森に囲まれた小さな村で，これだけの規模の集会が行われていたのです。しかも，この写真の反対運動は，12年間にわたって展開され，最終的に原発の建設計画を中止にいたらしめたのでした。

写真5.1　ヴィール原発に反対する，ヴィールの森での抗議集会　（出所）　Nössler und Witt Hrsg. 1976: 133.

「ドイツの運動って，なぜこんなに大規模なのだろう？」「なぜ長く続くのだろう？」「人びとの身体を張った“熱い”抗議は，どのように報われるのだろう？」。先行研究や資料を読み進めるうちに，私はこうした疑問をもつようになりました。というのも，私が知っている日本の社会運動は，こんなに大規模で激しく継続的なものではなかったからです。

1980年代後半には，日本でもチェルノブイリ原発事故を受けて一時的に原発反対運動が盛り上がったものの，それは次第に沈静化していきました。その後，私が学生だった1990年代後半～2000年代はじめにかけては，日本における社会運動のトレンドが抗議型から提言／協働型へと移り，異議申し立てよりも市民活動・ボランティア活動などが盛んになった時期でもありました。提言／協働型であっても社会運動には変わりはありませんし，市民活動・ボランティア活動も広義には社会運動に含まれるわけですが，私自身，デモや集会を実際に街中で目にする機会も，テレビや新聞での報道を通じて目にすることもほとんどなくなっていました。いまになって振り返ると，1990年代後半～2000年代はじめの日本でも，局地的には住民による原発反対運動が展開されており（たとえば芦浜原発反対運動など），たんに私のリサーチ不足でもあったわけですが，修士時代の私は，日本のものとは大きく異なってみえるドイツの反対運動の規模の大きさや継続性や成果に魅了されたのでした。

実際に先行研究でも，ドイツの原子力施設反対運動の成果が指摘されていました。たとえば，ドイツの社会運動研究者のディーター・ルフトは，さまざまな要因が存在するとの但し書きをしたうえで，ドイツの原発設備容量が低く抑えられ，アメリカやフランスと比べて原子力への依存度が低いのは，1970年代半ばから1980年代にかけての原子力施設反対運動の成果によるところが大きいと評価しています（Rucht 1994: 463–72）。このような先行研究の指摘もふまえ，私は，1980年代後半に南ドイツの森のなかで地元住民によって激しく展開された反対運動を，修士論文のための研究対象として選んだのでした。

2 ヴァッカースドルフの反対運動

森のなかの使用済み核燃料再処理施設建設計画

反対運動の舞台となったのは，バイエルン州の南東部，オーバープファルツ（Oberpfalz）地方に広がるタクセルダーンの森（Taxöldener Forst）でした。バイ

CHART 図5.1 ヴァッカースドルフの地理的な位置

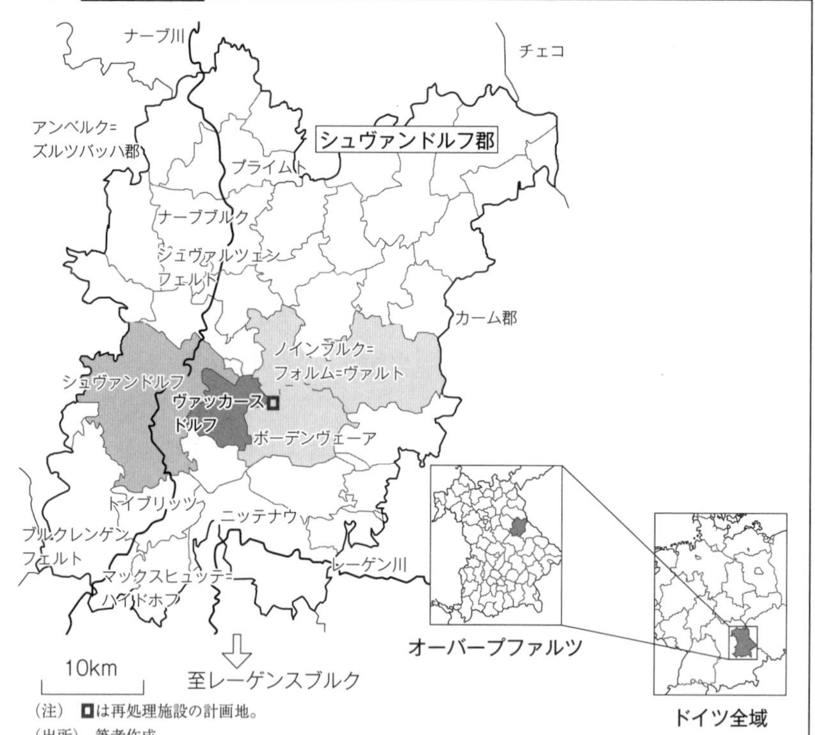

（注）□は再処理施設の計画地。
（出所）筆者作成。

エルン州というと，ドイツビールの祭典「オクトーバーフェスト」で有名なミュンヘンが州都ですが，そのミュンヘンから直線距離で150kmほどのところに，タクセルダーンの森はあります。この森はいずれの基礎自治体にも属さずにバイエルン州が管轄していましたが，森を取り囲む3つの自治体のなかでもヴァッカースドルフ村がもっとも多く森と接していたため，この森に計画された原子力施設には，ヴァッカースドルフの名が冠されました。

この地域のことをもう少し詳しく説明しましょう（図5.1）。ヴァッカースドルフ村は，バイエルン州・行政管区オーバープファルツ（人口約109万人）・シュヴァンドルフ郡（Landkreis Schwandorf，人口約13万人）のほぼ中央，チェコとの国境から約30km西に位置する，人口約4000人の村です。ヴァッカースドルフ村やタクセルダーンの森が位置するシュヴァンドルフ郡は，もともと褐炭採掘で経済的に潤っていた地域でした。ヴァッカースドルフ村は，1970

Column ⑭ 使用済み核燃料再処理施設と核燃料サイクル

使用済み核燃料再処理施設（WAA）とは，原子力発電によって生じた使用済み核燃料から，MOX 燃料（混合酸化物燃料 Mixed-Oxide の略。酸化プルトニウムと天然ウラン，または同じく再処理で回収された減損酸化ウランとを混ぜて生成する燃料）の原料となるプルトニウムを取り出し加工するための施設群のことです。

旧西ドイツでは，1977 年に，使用済み核燃料の処理について十分な措置がとられていないことを理由に原発の建設作業を認めない判決（ブロクドルフ判決，1977 年 2 月）が下され，原発の新設がストップするという状況が一時的に生じていました。これに対して，原発建設を進めたい主要電力供給企業 12 社は，再処理事業のための有限会社「ドイツ核燃料再処理有限会社（Deutsche Gesellscheft für Wiederaufarbeitungsanlage der Kernstoffen GmbH，以下 DWK と略す）」を共同出資で設立し，WAA 用地の選定にあたりました。

その DWK の子会社「DWK 再処理施設有限会社ヴァッカースドルフ（DWK-Wiederaufarbeitungsanlage Wackersdorf GmbH，以下 DWW と略す）」が，ヴァッカースドルフ WAA 建設計画の事業主体です。DWW がタクセルダーンの森に計画したのは，容量 1500 トンの使用済み核燃料受け入れ貯蔵プール，再処理工程建屋，放射性廃棄物中間貯蔵施設，MOX 燃料製造用建屋の建設で，これらの施設によって，年間 350 トンの使用済み核燃料が再処理される予定でした（Kretchmer 1988: 175）。

当時の旧西ドイツ政府は，この WAA にくわえて，MOX 燃料工場，高速増殖炉（MOX 燃料用の特別な原子炉）を備えることで，使用済み核燃料を再利用する「核燃料サイクル」を構想していました。しかし，後述するように，1989 年にヴァッカースドルフの WAA 建設計画が反対運動によってとん挫したことで，ドイツの核燃料サイクル構想は破たんします。

なお，日本では，青森県六ケ所村に使用済み核燃料再処理施設が建設されています。その経緯や日本の核燃料サイクルについては，『核燃料サイクル施設の社会学』（舩橋ほか 2012）が詳しいです。

年代にはバイエルン州内でもっとも高い事業税収入を誇っていたほどです。しかし，1980 年代に入り褐炭産業が斜陽化すると，この地域の経済状況は一気に悪化します。そのようなタイミングで，使用済み核燃料再処理施設

(Wiederaufarbeitungsanlage, WAA) の建設計画がタクセルダーンの森に浮上したのです (1981年)。

森のなかの反対運動

タクセルダーンの森にWAAが建設され操業されれば，多額の事業税収入のほかに1600人分の雇用が創出されるといわれていました。そのため，この計画は，経済的に停滞しつつあったヴァッカースドルフ村とその周辺自治体にとって「渡りに舟」であるはずであり，計画はスムーズに進むものと思われました。事実，ヴァッカースドルフ村に限っていえば，村長も村議会もWAA建設を歓迎する意を表していました。

しかし，それ以外の周辺自治体では，首長や議会が受け入れ反対の姿勢を表明したのにくわえて，計画に反対する住民運動団体 (Bürgerinitiative, BI) が自治体単位で形成され，激しい反対運動が展開されました。この反対運動の中心となったのは，シュヴァンドルフ郡住民によって1981年に設立された住民運動団体「ビュルガーイニシアティヴ・シュヴァンドルフ (Bürgerinitiative Schwandorf, BIS)」でした。

BISは当初，署名集めや政治家への陳情や訴訟といった，比較的穏健な手段で反対運動を展開していましたが，建設予定地の森でボーリング調査が開始されたことをきっかけに (1983年)，大規模集会やデモ行進といった直接行動に踏み切ります。さらに1985年以降は，それまでは町なかで行っていた集会やデモを，建設現場の森のなかで行うようになっていきました。1985年末から1986年はじめにかけては，約2週間にわたって，建設予定地の森で敷地占拠が実行されました (**写真5.2**)。

写真5.2　タクセルダーンの森の敷地占拠 (BIS作成のポストカードより)

その様子は，全国ネット

のテレビニュースのトップで報じられたり，新聞の一面を飾ったりするなど，旧西ドイツ中の注目を集めました。ドイツのなかでも保守的といわれるバイエルン州で，おとなしく従順と思われていた住民たちが文字どおり体を張って抵抗する姿は，多くの旧西ドイツ市民にとって驚くべき光景でした。住民たちに共感し，彼らを支援するために，旧西ドイツ各地から多くの人びとがタクセルダーンの森に集まりました（**写真5.3**）。1986年4月にチェルノブイリ原発事故が起こった際も，反原発の意思を表明するために人びとが向かったのは，原子力施設反対運動の「聖地」，タクセルダーンの森でした。

写真5.3　タクセルダーンの森での抗議デモ（BISメンバーのWolfgang Nowak氏提供）

こうして，バイエルン州の片隅で始まった反対運動は，旧西ドイツ全土に広がる大きなうねりへと発展します。最終的には，1989年にWAA計画が中止されるにいたり，それをもって旧西ドイツ政府は，国内のWAA建設を断念することになりました。それは同時に，核燃料サイクルの根幹を担う施設を備えられないことを意味しており，旧西ドイツ政府はエネルギー政策の見直しを迫られることとなりました。

3　反対運動を成功に導いた要因を探る

「大きな問い」を設定する

この，なんともドラマチックな事例について，私が知りたいと思ったのは，ごく単純に「なぜ，ヴァッカースドルフのWAA反対運動は建設計画の阻止に成功したのだろうか？」ということでした。WAA建設計画を中止した理由について，旧西ドイツ政府は，表向きには「使用済み核燃料再処理には経済的合理性が見込めない（コスト＞メリット）と判断したため」としていました。反対運動に屈したわけではないと示唆したわけです。ですが，はたしてそうでしょうか。反対運動の存在は，本当に，WAA 建設計画になんの影響も与えなかったのでしょうか。私にはそうは思えませんでした。

というのも，反対運動によって WAA の危険性が指摘されたこと，しかもその反対運動が旧西ドイツ全土の注目を集めていたためにその指摘を無視できなかったことは，WAA 建設にとって大きな障害となっていたからです。指摘を無視できなかった事業主 DWW は，WAA の安全基準をより高く設定し直さなければならず（そしてそれにともなって，たとえば防御壁を二重にする，防御壁そのものの厚さを厚くするなどしなければならず），工費は当初の見積もりよりも大幅に膨らみました。WAA は，反対運動のせいで，当初の予定よりも格段に「お金のかかる」事業となっていたのです。

では，なぜ，ヴァッカースドルフの反対運動は，事業者側にそれだけの圧力をかけるまでに大規模に，すなわち旧西ドイツ全土から参加者を動員するまでに拡大されえたのでしょうか。私はこの点を，ヴァッカースドルフの反対運動で重要なポイント，つまり「大きな問い」として設定しました。とはいえ，この「大きな問い」だけをグルグルと検討していても答えは出てきません。そこで，次に私が行ったのは，先行研究のなかにヒントを探すことでした。

先行研究をふまえて考える①

先行研究，すなわち先輩研究者たちがすでにどのような分析を行っており，それによって何を見出してきたのか，をフォローすることは，次の 2 つの点で自分の研究にヒントを与えてくれます。自分の研究では何を明らかにすべきなのかという点と，どのような分析視角を用いるとよいのかという点です。

先行研究とひと言でいっても，目の前には膨大な先行研究群が広がっており，どこから手をつけたらよいのかわからないかもしれません。私もはじめは途方にくれましたが，先述したように，修士課程に入った頃からすでに，自分が研究したい事例と具体的に近い文献，すなわちドイツの原子力施設反対運動や環境運動に関する文献を少しずつ読み進めていました。そのなかには，ヴァッカースドルフの事例について書かれたものもありました。

ところが，それらヴァッカースドルフの事例についての文献やドイツのその他の原子力施設反対運動について書かれた文献を読んでも，それらのなかには，私の「大きな問い」への答えはみつかりませんでした。反対運動にどのようなアクターがいたのかや，反対運動がどのような経過をたどったのかが時系列に沿って記述されているのみで，「なぜ，ヴァッカースドルフの反対運動は旧西ドイツ全土から参加者を動員するまでに拡大されえたのか？」という疑問は，依然として解けないままだったのです。私は，「先行研究は私の疑問に答えてくれていない！」と，読みながらモヤモヤしました。しかしこのことは，じつは喜ぶべきことなのでした。というのも，私の疑問に対して先行研究がすでに答えを出してしまっていたならば，私が新たに研究する意味はなくなってしまうからです。「先行研究に答えがない！」というモヤモヤは，裏を返せば，「だから自分で答えをみつける」という研究の出発点であり，同時に，自分の研究の意義を示してくれるものでもあるのです。

とはいえ，ヴァッカースドルフやその他のドイツの反対運動の事例のことが書いてある先行研究を読んで，ただモヤモヤだけが募ったわけでは，もちろんありませんでした。ヴァッカースドルフの事例を扱った先行研究からは，反対運動の際に，推進派／反対派双方にどのようなアクターたちがいたのかや，反対運動がおおむねどのような経過をたどったのかを知ることができました。それは，第２節で記したとおりです。その他の，ドイツの原子力施設反対運動に関する先行研究からは，いずれの事例でも，反対派の住民たちがビュルガーイニシアティヴ（Bürgerinitiative，BI＝住民運動団体）を名乗っていたことや，地元住民の反対運動を周辺都市の人びとが支援していたこと，そのなかでも大学都市の学生や若手研究者の支援が重要であったことがわかりました。

さらに重要だったのは，ドイツの他地域で展開された原子力施設反対運動では，地元外からの運動参加者の受け入れをめぐって，地元の住民運動団体のなかで意見が分かれ，運動団体が分裂し，その結果，反対運動自体が失速したという事例が，複数報告されていたことでした。このことをふまえて，ヴァッカースドルフの事例を振り返ると，新たな疑問がわいてきます。地元外からの運動参加者，いわゆる「よそ者」の受け入れをめぐって反対運動が分裂や失速した例がいくつもあるなかで，なぜ，ヴァッカースドルフではそうならずに，旧西ドイツ全土から参加者を動員し続けることができたのか，という疑問です。

ヴァッカースドルフの場合，地元住民が開放的で「よそ者」の受け入れに積極的だったのでしょうか。結論を先取りすれば，ヴァッカースドルフの地元住民も，他の地域の地元住民と同様に，「よそ者」への警戒心は強く，受け入れに積極的だったわけではありませんでした。それどころか，1980年代後半当時，都市部からやってくる「よそ者」のなかでもとくにオートノミーと呼ばれる過激な若者たちが，ヴァッカースドルフの反対運動の現場で破壊行為や暴力行為を繰り返すようになっており，地元住民たちはよりいっそう「よそ者」と距離をとる傾向にありました。だとすると，なぜ，ヴァッカースドルフでは，地元住民と「よそ者」との共闘が成立したのでしょうか。

こうした諸々の状況をふまえて私が立てた仮説が，地元住民運動団体BISが，「よそ者」と地元住民との仲介役としての役割をうまく果たすことができたのではないか，というものでした。これが，先行研究をフォローすることで得た1つ目のヒント，すなわち自分の研究では何を明らかにすべきなのか，についてのヒントでした。

先行研究をふまえて考える②

そうなると今度は，理論枠組みや分析視角です。運動団体の役割を検証するには，どのような手法を用いればよいのか。その手がかりを探るために，ここでも先行研究が大いに参考になりました。この場合の先行研究とは，ヴァッカースドルフやその他のドイツの反対運動や環境運動の研究にとどまりません。社会運動全般に関する理論的な研究，なかでも資源動員論や集合行為フレームに関する研究が，私が参考にすべき先行研究でした。

これらのうち資源動員論は，第**4**章で説明されているように，社会運動組織の活動量を，組織が動員しうる資源量の関数と捉え（McCarthy and Zald 1977=1989），動員から目標達成または停滞に至る運動のプロセスを説明することを試みるアプローチです。ただし，資源がそこにあるからといって自動的に動員されるわけではありません。とくに人的資源の動員，すなわち人びとがいかに運動に参加するようになるのかを説明するには，資源の存在と動員とを媒介する「何か」を説明することが重要になります。多くの場合，人びとは「そこに運動があるから」運動に参加するのではなく，目の前の運動が，どのような運動なのかをみきわめたうえで，参加するにふさわしいと判断したり参加する価値があると思える運動に参加するからです。この，人びとの目前の運動に対する評価と動員との関係を検証する際に有用なのが，集合行為フレームという概念です。

集合行為フレームとは，アーヴィング・ゴフマンのフレーム概念を援用した考え方です。ゴフマンのフレーム概念が，「個人にその生活空間や社会のなかで起こった諸現象を位置づけ，知覚し，識別し，ラベルづけすることを可能にする解釈図式」と定義される個人の認知枠組み（Goffman 1974）であるのに対し，これを集団レベルでの認知枠組みへと展開させたデイヴィッド・スノーら（Snow et al. 1986）は，社会運動組織が提示する争点や運動目標や戦略に関する解釈枠組みとして集合行為フレームという用語を採用しました。かみくだいていえば，社会運動組織は「誰による，何をめぐる，どのような（手法の）運動なのか」（集合行為フレーム）を動員の対象となる人びとに提示します。提示された集合行為フレームを受けて，その運動は自らが参加するにふさわしい運動であると認識した人が運動に参加する，というのが集合行為フレーム概念を用いた分析の基本的な考え方です。この考え方にもとづけば，運動組織側にとっては，ときに集合行為フレームの調整や変換を行いつつ，いかに効果的な集合行為フレームを人びとに提示できるかが，動員のカギとなります（このときのフレームの提示や調整や変換のことを，フレーミングといいます）。

ですから，集合行為フレームに関して分析を行う場合，みるべき点は大きく2つあります。社会運動組織による集合行為フレームの提示や調整や変換（フレーミング）についてと，その集合行為フレームが人びとによっていかに受容されるのかについての2点です。これらのうち前者については，社会運動組織が人びとに向かって発したメッセージを分析することで示すことができます。具体的には，社会運動組織が作成したポスターやニューズレターやビラや意見広告や，イベントなどでどのようなスローガンが用いられどのようなスピーチがなされたのかなどが，分析対象です。これに対して後者，すなわちフレーミングの受容については，社会運動組織が提示した集合行為フレームを人びとが

CHART 図 5.2 「大きな問い」の設定から「リサーチ・クエスチョン」の設定にいたるまで

（Ⅰ）大きな問い：なぜ，ヴァッカースドルフの反対運動は旧西ドイツ全土から参加者を動員するまでに拡大されえたのか？

↓ ヴァッカースドルフやその他ドイツの原子力施設反対運動を扱った先行研究の検討

（Ⅱ）中くらいの問い：地元住民運動団体 BIS は反対運動においていかなる役割を果たしたのか？

↓ 資源動員論，集合行為フレームなどの社会運動論の先行研究の検討

（Ⅲ）リサーチ・クエスチョン：地元住民運動団体 BIS は，どのようにして「よそ者」の受容をめぐる問題の克服を試みたのか？

i どのようなフレーミングを行ったのか
ii そのフレーミングはどこまで有効だったのか

いかに受け止めたのか，どの点に共感したのか／しなかったのか，どの点をもって自らが参加するにふさわしい運動であるとか，問題解決のための手段としてふさわしい運動であると判断したのかといった点が分析の焦点となります。具体的には，聞き取り調査の結果などから，人びとが状況をいかに解釈したのかや，その解釈の背景にある集合的アイデンティティや「文化的基盤」（西城戸 2008）を明らかにするという作業を行います。

そして，以上の理論枠組みもあわせると，私がヴァッカースドルフの事例で明らかにすべきリサーチ・クエスチョンは，最終的に，次のものに定まりました。地元住民運動団体 BIS は，どのようにして「よそ者」の受容をめぐる問題を克服しようとしたのか，その際にどのようなフレーミングを行い，それはどこまで有効だったのか。

ここまでの私の思考のプロセスを，わかりやすく美しい図にしておくと，図 5.2 のように表すことができます。「わかりやすく美しい」と書いたのは，本当はこんなにスムーズに思考が展開されたわけではないからです。実際には，試行錯誤を繰り返しながら，ときに紆余曲折したり無駄足を踏んだりしながら，「大きな問い」から「リサーチ・クエスチョン」へと，なんとかたどり着いたのだということを断っておきます。

4 文書資料の収集と聞き取り調査の進め方

いよいよ，リサーチ・クエスチョンを検証するためのデータを，実際に集める段階になりました。ですが，それはとても一筋縄ではいかない，困難な道のりでした。というのも，私の研究の場合，そこには大きく2つの壁があったためです。データが海外にあるということと，過去の事例であるということです。

お金がない！：海外のデータを集める

まず私がぶつかったのは，「お金がなくて現地に行けない」という，きわめて現実的な壁でした。修士課程2年になり，ヴァッカースドルフについての資料収集を開始しようと思ったのはよいものの，学生の私には，資料収集のためにドイツに渡航し一定期間滞在するだけの資金がありませんでした。

そこでまず私が試みたのは，日本で集められるだけの文書資料を集めることでした。具体的には，ゲーテ・インスティトゥート図書館や東京大学・ヨーロッパ研究センター（DESK）など，ドイツで発行されている新聞や雑誌のアーカイブをもっているような図書館や研究所に行って，ヴァッカースドルフの反対運動当時の記事をひたすら探しました。私が修士の院生だった2000年代はじめ当時は，まだデジタルアーカイブが充実しておらず，実際の紙媒体を，手を真っ黒にしながらめくったのを覚えています。しかし，その努力もむなしく，ヴァッカースドルフの反対運動に関するデータは思うように集められませんでした。ただただ時間だけが過ぎていき，焦りが募ります。このままでは埒があかないと思った私は，方針を転換し，ヴァッカースドルフの住民運動団体BISに直接連絡をとってみることにしました。

反対運動終結から十数年経っていましたが，幸いなことに，BIS自体はまだ残っているようでした。検索すると，きわめてシンプルなホームページがあることがわかりましたが，そこにはコンテンツがほとんどなく，オフィスの場所や連絡先のメールアドレスすら載っていませんでした。唯一記されていたのが，電話番号でした。2000年代はじめというと，SNSはおろか，ブログもまだあまり普及していない時期です。Skype ももちろんありません。メールで連絡をとろうと思っていた私は，相手の電話番号のみがかろうじてわかるという状況に，どうしたものかと頭を抱えました。というのも，初めての相手に母国語以外で（この場合，ドイツ語で）電話をするというのは，メールでやりとりするよりも，実際に会って話すよりも格段に難しい，とてもハードルの高いことだからです。ですが，他に方法はありません。意を決した私は，こちらから話すべきことを書き連ねた紙を握りしめて，恐る恐るドイツに電話をかけました。時差を考慮した，日本時間の夜中のことでした。

運命のファーストコンタクト

「Hallo?」電話をとったのは女性でした。「コンニチハ。ワタシハニホンノダイガクインセイデス。アオキソウコトモウシマス……」相手が電話をとったことを確認すると，私は片言のドイツ語で話し始めました。しかし次の瞬間，聞こえてきたのは，「Mama ～!!（お母さーん！）」という，受話器の向こうで母親を呼ぶ声でした。私が BIS のオフィスだと思ってかけた電話番号は，BIS メンバーの個人宅の番号だったのです。そして電話に出たのは，当時ギムナジウム（日本の高校に類似）に通っていた，そのお宅の娘 C ちゃんでした。BIS メンバーであるお父さん（N さん）は不在だったため，お母さんに事情を話してメールアドレスを教えてもらい，メールでのやりとりが始まりました。これが，その後，現在にいたるまで 15 年以上にわたってつきあいを続けている N 家との（運命の）出会いでした。

N さんは，反対運動当時に BIS の中心メンバーであり，運動終了後も BIS の広報を担当していました。くわえて，反対運動についてのさまざまな資料を個人的に保管してもいました。後述するように，N さんのお宅は，地下の一部屋がまるまるヴァッカースドルフの反対運動の資料で埋まっていました。私は，BIS がどのように反対運動を展開したのか，その戦略について知りたいのだと N さんに伝え，BIS の定例会議の議事録（9 年間分）や，BIS の作成したニューズレターやパンフレットや新聞広告，地元紙の記事の切り抜きなど，貴重な資料を入手することができたのでした（**写真 5.4，5.5**）。N さんと出会えたことで，私の研究は大きく動き出しました。

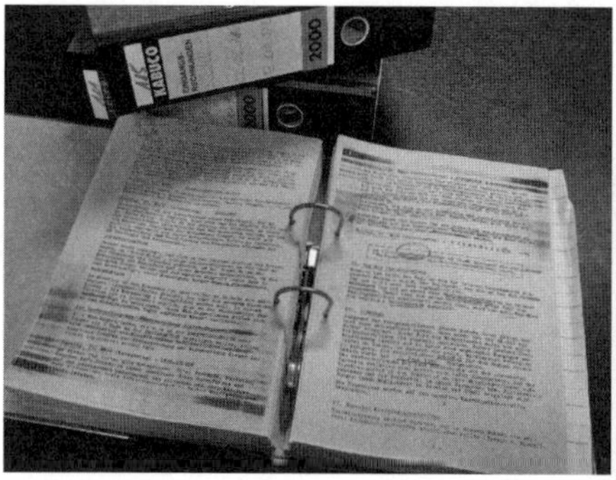

写真 5.4　BIS の定例会議の議事録（筆者撮影）

写真 5.5　BIS 作成のニューズレターの表紙

私のような幸運なケースはきわめて稀かもしれず，皆が皆，このようにうまくいくわけではないでしょう。それを承知のうえで皆さんに伝えたいのは，お金がなくても海外の事例の調査をあきらめる必要はないということです。工夫次第では，海外の事例についてデータを集めることができます。ただしそのためには，ある種の勇気と，誠意とが必要だろうというのが，私の経験からいえることです。

N さん宅への居候：過去の事例についてのデータを集める

その後，博士課程に進学すると研究費の助成を受けることができ，現地で調査をする機会を得ました。そしてここでも，私は N さんのお世話になりました。ヴァッカースドルフの調査を行うあいだはずっと，N さんのお宅に居候させてもらっていたのです。1 回の調査につき 1 〜 3 週間滞在し，それを 3 回繰り返しました。

滞在中は，反対運動の関係者を中心に，聞き取り調査を進めました。くわえて，先に述べたように，N さん宅の地下室には，BIS の反対運動に関するさまざまな文書資料や当時の地元紙の記事が大量にストックされていたため，聞き取り調査が入っていない時間は，地下室で必要な資料をピックアップしてはコピーをとりにいきました。N さんは，自身が闘った反対運動のことを一人娘のCちゃんに伝承するつもりでいたそうですが，当のCちゃんは昔の反対運動の話にはまったく興味がなく，「またその話？ もう聞きたくないし」という反応でした。そんなところに現れた私は，Nさんにとって，格好の聞き手だったようです。おかげで，Nさん宅にいるあいだはずっと，「聞き取り調査状態」というぜいたくな状況でした。朝，昼，晩の食卓も，ティータイムも，たわいのない日常の会話をしていたと思ったら，急にスイッチが入って反対運動当時の話に切り替わることがしょっちゅうで，一瞬たりとも気が抜けません。アポイントをとっての聞き取り調査にくわえて，その他の時間も基本的に聞き取り調査モードに入りっぱなしです。一日を終えてクタクタになって自分の部屋に戻ると，フィールドノートの作成もそこそこに泥のように眠る毎日でした。

Nさん宅滞在中には，反対運動と直接は関係のないところに出かけることもありました。たとえば，毎週日曜日の朝には，Nさん一家にくっついて教会に礼拝に行きました。Nさんの反対運動の話につきあわされている（けっしてそんなわけではなかったのですが……）のを哀れに思ったNさんの奥さんが，私を外に連れ出して，一緒に地域の婦人会の集まりに参加させてくれたことも何度かありました。それらを通じて，この地域の人びとの生活世界の一端をうかがい知ることができたことは，聞き取り調査で得たデータと同等に，私の研究にとって重要な情報となりました。

「勝った」運動について語ってもらうということ

こうして，ヴァッカースドルフでの聞き取り調査は順調に進んでいきましたが，そのうち，私はあることが気になり始めました。それは，語ってくれる人が皆，反対運動の「勝者」である点です。言い換えると，私が聞き取り調査をするとき，語り手は，過去に自分たちが闘って「勝った」運動について振り返って語ってくれるわけですが，そのことによってバイアスが生じやしないか，というのが私の気がかりでした。「勝った」いまだからこそ，「あの運動は正しかったのだ」と自信をもって語ることができるわけで，反対運動の真っただ中にいた1980年代当時の，勝つか負けるかわからない，いま自分たちがとっている戦略が正解なのかどうかもわからない状況で，人びとが反対運動にどのような意味づけを行っていたのかを理解するためには，現時点での聞き取り調査

CHART 図 5.3 MZ 紙の投書欄のコピー

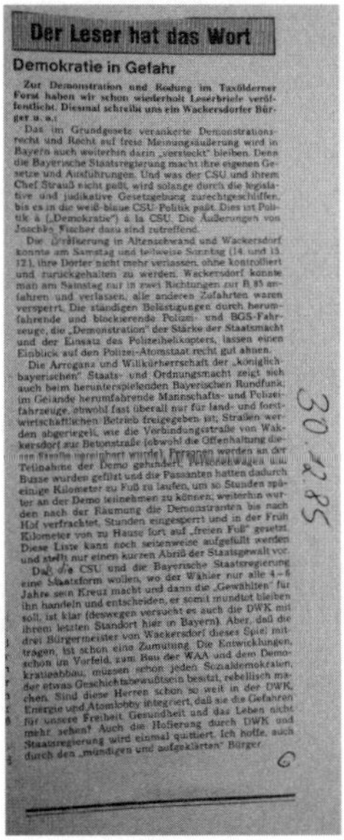

Der Leser hat das Wort

Demokratie in Gefahr

Zur Demonstration und Rodung im Taxölderner Forst haben wir schon wiederholt Leserbriefe veröffentlicht. Diesmal schreibt uns ein Wackersdorfer Bürger u. a.:

Das im Grundgesetz verankerte Demonstrationsrecht und Recht auf freie Meinungsäußerung wird in Bayern auch weiterhin darin „versteckt" bleiben. Denn die Bayerische Staatsregierung macht ihre eigenen Gesetze und Ausführungen. Und was der CSU und ihrem Chef Strauß nicht paßt, wird solange durch die legislative und judikative Gesetzgebung zurechtgeschliffen, bis es in die weiß-blaue CSU-Politik paßt. Dies ist Politik à („Demokratie") à la CSU. Die Äußerungen von Joschka Fischer dazu sind zutreffend.

Die Bevölkerung in Altenschwand und Wackersdorf konnte am Samstag und teilweise Sonntag (14. und 15. 12.), ihre Dörfer nicht mehr verlassen, ohne kontrolliert und zurückgehalten zu werden. Wackersdorf konnte man am Samstag nur in zwei Richtungen zur B 85 anfahren und verlassen, alle anderen Zufahrten waren versperrt. Die ständigen Belästigungen durch herumfahrende und blockierende Polizei- und BGS-Fahrzeuge, die „Demonstration" der Stärke der Staatsmacht und der Einsatz des Polizeihelikopters, lassen einen Einblick auf den Polizei-Atomstaat recht gut ahnen.

Die Arroganz und Willkürherrschaft der „königlich-bayerischen" Staats- und Ordnungsmacht zeigt sich auch beim herunterspielenden Bayerischen Rundfunk; im Gelände herumfahrende Mannschafts- und Polizeifahrzeuge, obwohl fast überall nur für land- und forstwirtschaftlichen Betrieb freigegeben ist; Straßen werden abgeriegelt, wie die Verbindungsstraße von Wackersdorf zur Betonstraße (obwohl die Offenhaltung dieser Straße vereinbart wurde). Personen werden an der Teilnahme der Demo gehindert, Personenwagen und Busse wurden gefilzt und die Passanten hatten dadurch einige Kilometer zu Fuß zu laufen, um so Stunden später an der Demo teilnehmen zu können; weiterhin wurden nach der Räumung die Demonstranten bis nach Hof verfrachtet, Stunden eingesperrt und in der Früh Kilometer von zu Hause fort auf „freien Fuß" gesetzt. Diese Liste kann noch seitenweise aufgefüllt werden und stellt nur einen kurzen Abriß der Staatsgewalt vor.

Daß die CSU und die Bayerische Staatsregierung eine Staatsform wollen, wo der Wähler nur alle 4–6 Jahre sein Kreuz macht und dann die „Gewählten" für ihn handeln und entscheiden, er somit mundtot bleiben soll, ist klar (deswegen versucht es auch die DWK mit ihrem letzten Standort hier in Bayern). Aber, daß die drei Bürgermeister von Wackersdorf dieses Spiel mittragen, ist schon eine Zumutung. Die Entwicklungen, schon im Vorfeld, zum Bau der WAA und dem Demokratieabbau, müssen schon jeden Sozialdemokraten, der etwas Geschichtsbewußtsein besitzt, rebellisch machen. Sind diese Herren schon so weit in der DWK, Energie und Atomlobby integriert, daß sie die Gefahren für unsere Freiheit, Gesundheit und das Leben nicht mehr sehen? Auch die Hofierung durch DWK und Staatsregierung wird einmal quittiert. Ich hoffe, auch durch den „mündigen und aufgeklärten" Bürger.

（注） 一部加工。

Im Namen des Gesetzes

Die in der MZ vom 8. Januar 1986, S. 1 und 4 beschriebenen Vorgänge der Räumung des Baugeländes für die WAA waren eine für jeden, der noch Illusionen hegte, fällig gewordene Lektion über die obrigkeitsstaatliche Verfassung unseres bedrohten Lebens und über die Brutalität, mit welcher alles ausgeräumt wird, was den Interessen des Großkapitals im Wege steht. Wenn eine halbe Legion von uniformierten Befehlsvollstreckern als Bahnbrecher einer waldvernichtenden Nuklearindustrie mit ihrem Arsenal aufzieht, gibt es für so wehrlose wie mutige Verfechter unseres geschändeten Naturrechts auf heile Umwelt und erhoffbare Zukunft keinen Pardon. Im Namen des herrschenden Gesetzes werden sie aus ihren kunstreich gezimmerten Hütten, den Zeichen eines ohnmächtigen Protestes gegen das zwanzigtausendjährige Reich der Strahlung, gezerrt und verjagt. In unserem mit Atombomben, Giftgas und Raketen vollgestopften Wirtschaftswunderland sind sie fehl am Platz und müssen der Gewalt der kruppstahlharten, knüppelbewehrten Ordnungsmächte weichen. Die Stätte des friedlichen Widerstands gegen größenwahnsinnigen Materialismus wird, wie es in böser Erinnerung an Weltkriegszeiten heißt, „dem Erdboden gleichgemacht". Jetzt kann die Pranke der DWK wieder ungestört zuschlagen und ihr Vernichtungswerk fortsetzen, zur tiefen Genugtuung und vollen Zufriedenheit einer Partei, die nicht einmal merkt, wie brüchig ihre C-Maske geworden und wie strotzend Mammons Fratze zum Vorschein gekommen ist. Bekanntlich muß hierzulande das Kruzifix in Banken als Segensspender für Geldwirtschaft herhalten. Aber ein als sprechendes Symbol bedrängten Lebens errichtetes Bildnis des Gekreuzigten wird n i c h t geduldet, sondern gestürzt und abgeschleppt. Wo es stand, raunt jetzt Molochs Stimme: „Unser tägliches Pu gib uns morgen!"

Verschiedene Maßstäbe

Müssen wir Atomkraftgegner es uns vom Staatsminister des Inneren, Hillermeier, tatsächlich gefallen lassen, daß er alle, die die Gegner dieser Wahnsinnsanlage WAA unterstützen, als „Rechtsbrecher, und keine Demokraten" bezeichnet?! Wieweit ist es denn mit unserer Demokratie her, wenn als Rechtsbrecher gilt, wer nicht zu allem ja und amen sagt?! Eine eigene Meinung ist im Freistaat Bayern wohl nicht mehr erlaubt! Hillermeier müßte sich mal ganz genau vor Augen führen, was uns dazu bewegt, Gegner des Vorhabens zu sein: es ist die Angst, die große Angst vor der Zukunft in unmittelbarer Nähe einer Wiederaufarbeitungsanlage zu leben. Und gerade Berichte in jüngster Zeit beweisen, daß Störungen und Zwischenfälle nicht ausgeschlossen werden können. Auch sprach er davon, was diese Polizeieinsätze Steuergelder verschlingen. Bisher sprach er aber nicht davon, was der Bau der WAA an Steuergeldern kostet. Es wird wohl hier mit zwei verschiedenen Maßstäben gemessen! Aber eines scheint sicher zu sein: Längst sind sich nicht mehr alle (vormaligen) Befürworter mit sich selbst im reinen, und so manch einen hat man im Kreis der Gegner wiedergefunden! Und der Widerstand wird weitergehen und wir wollen doch hoffen, in einigen Jahren sagen zu können, es hat sich gelohnt!

Warum so dringend?

Kann sich die Großindustrie und unsere Regierung über den Willen der Bevölkerung so ohne weiteres hinwegsetzen? In einer Demokratie entscheidet der Wille der Mehrheit. Warum wird in einer solch brenzligen Frage nicht abgestimmt, und Mehrheiten entscheiden? Sind die vom Volk gewählten Politiker doch nicht so sicher? Warum konnte man den gewünschten Weihnachtsfrieden nicht gewähren? Oder war es so drängend, daß es keinen Aufschub litt, und es noch am Jahresende sein mußte? Wir möchten wissen, warum es so eilig ist, ihr Herren in München. Giftbuden haben wir doch schon genügend.

だけでは不十分なのではないか，と私は考えるようになりました。

地元紙の投書欄から当時の「声」を拾う

そこで私が着目したのが，1980 年代当時の地元紙の投書欄，なかでも反対運動や WAA 計画について寄せられた読者からの投書でした。ヴァッカースドルフやその周辺自治体では，Mittelbayerische Zeitung（MZ 紙）と Neue Zeit（NZ 紙）という 2 つの地元紙が読まれていましたが，それらのうち前者の MZ 紙のほうが投書欄が充実していたため，そちらをデータとして用いることにしました。

この作業も N さん抜きには語れません。N さん宅の地下室にある膨大な文書資料のなかのかなりの部分を占めるのが，地元紙のアーカイブでした。1981 年以降に地元紙に掲載された WAA 関連の記事やコラムや投書欄を，N さんはすべてスクラップしていたのでした。かくして，N さん宅の地下室で MZ 紙のスクラップに付箋を貼ること数日，500 近くの投書がデータとしてピックアップされました。

具体的にいえば，MZ紙の投書欄にWAAというイシューが初めて登場したのは，バイエルン州の首相が州内へのWAA建設受け入れを表明してまもない1981年はじめのことでした。それから1984年末までにWAA建設賛成・反対双方の立場から計74通の投書が掲載されていました。反対運動が激化すると投書も増加し，1985年だけで116通，その後1986年から1989年にかけても300通を超える投書が掲載されていました。私は，それらの投書を片っ端からコピーし，日本に戻ってから1つひとつの投書をていねいに読んでいったのでした（図5.3）。

5 運動団体のフレーミングとその有効性を検証する

こうして集めた膨大な資料や聞き取り調査の結果をもとに，ヴァッカースドルフの事例について，次の2点を分析しました。まず，住民運動団体BISがどのようなフレーミングを行っていたのかという点です。言い換えれば，BISが地元住民に対してどのような「私たち」像を提示しようとしていたのかの検証で，これにはBISの定例会議の議事録やニューズレターやパンフレットをおもに用いました。次に，BISのフレーミングを地元住民がいかに受容したのかという点です。言い換えれば，BISのフレーミングは有効だったのか，反対運動やその担い手のBISを地元住民はどのようにとらえたのかの検証で，これにはMZ紙の投書欄と聞き取り調査の結果をおもに用いました。順にみていきましょう。

議事録，ニューズレター，パンフレットから①：運動初期のフレーミング

BISは発足にあたって会則を策定しています。会議の議事録を読むと，その会則を策定する過程で，「私たちBISは『ここのWAAに限定して集中的に反対』という姿勢をとるべきか，または『原子力施設全般に反対』という姿勢をとるべきか」という点をめぐり約1年にわたって議論が繰り返されてきたことがわかりました。最終的には後者，すなわち「原子力施設全般に反対」が選択され，策定された会則の「目標および課題」には次のように記されました。

> 当団体は，環境リスクによって脅かされる，自然という生活基盤の維持と保護に努める。そのため，使用済み核燃料再処理施設の建設に反対し，また，それに関連するすべての原子力施設に反対する。この目的の追求は非暴力によってのみ行われる。

こうしてみると，BIS は地元志向というよりも，州レベルや連邦レベルで活動する他団体との協力を視野に入れた，外を向いた団体であるようにみえるかもしれません。ですが，同じ会則のなかで，会員資格については地元志向がみられます。シュヴァンドルフ郡内に居住する者のみが正規会員になることができ，郡外の住民は全体集会などでの議決権をもたない支援会員としてのみ参加すると定められているためです。さらに，BIS が作成したポスターやニューズレターや，地元紙に掲載した意見広告には，次のようなキーワードがちりばめられています。「オーバープファルツを危険にさらすな！」「マックスヒュッテ（Maxhütte＝ヴァッカースドルフ近隣の鉱山）を守れ！」「タクセルダーンの森のために！」。これらから読み取れるのは，ヴァッカースドルフの反対運動が，故郷を守るための運動であるとフレーミングされていたことです。くわえて，ビラやパンフレットでは gewaltfrei（暴力によらない），friedlich（非暴力の）などの形容詞が多用され，非暴力に徹することも繰り返し表明されました。

ヴァッカースドルフの反対運動が開始された 1980 年代前半当時，西ドイツではフランクフルト空港の滑走路拡張をめぐる反対運動が激化していました。その様子をニュースなどでみていたシュヴァンドルフ郡の住民たちは，“反対運動”なるもの，ひいては BI（住民運動団体）なるものに対して強い警戒心をもっていたのでした。そのため，BIS は，自分たちは「地域の未来を真剣に考え，政党・宗教・企業などの枠を超えた住民運動団体であること」と，「非暴力に徹すること」を地元住民にアピールし，地元住民の反対運動への参加や支援をとりつけようと試みたのでした。集合行為フレーム分析の観点からは，運動開始当初，BIS は地元の利害を重視し非暴力に徹する「私たち」として運動のフレーミングを行っていたことになります。はたしてこのフレーミングは功を奏し，運動開始以降，BIS は会員数やイベントへの参加者数を増やしていきました。

議事録，ニューズレター，パンフレットから②：運動中期のフレーミング

ところが，1984年後半頃から運動の現場に変化が出始めます。地元外，とくに都市部から，暴力行為をも辞さない若者たちがヴァッカースドルフにやってくるようになったのです。彼らは，建設現場で機材や警察車両を破壊したり，火炎瓶を投下したりと，かなり過激なふるまいをしました。そしてこのことは，BISが掲げる「非暴力に徹する」という集合行為フレームが成り立たなくなるかもしれないことを意味していました。これに対し，BISが何もしなかったわけではありません。当時の議事録をみると，1984年あたりから暴力問題への対応についてBIS内で頻繁に議論されています。これら議事録や，BIS代表（当時）へのインタビュー記事や聞き取り調査の結果を合わせると，BISが「暴力」の再定義によって「非暴力」フレームの維持を試みたことがわかりました。すなわち，「モノに対する攻撃は暴力ではない」「防御のためであればヒトへの攻撃も暴力ではない」と宣言することによって，モノに対する破壊行為は暴力ではないし，警察への攻撃であっても連行されそうなときの抵抗であれば暴力ではなく，よって現場の「非暴力」は保たれているとして，「非暴力」フレームを維持しようとしたのでした。

では，こうしたBISのフレーミング戦略を地元住民はどのように受け止めたのでしょうか。この点について検討する際に私が用いたのが，先にあげたMZ紙の投書欄でした。

地元紙の投書欄，聞き取り調査から：地元住民のフレーミング受容

暴力的な若者たちが運動にやってくるようになった1984年夏以降，MZ紙には彼らへの嫌悪感を示す地元住民からの投書がみられるようになります。たとえば，次のような投書です（[　] 内は筆者補足）。

> [BISは] 公共物および私的所有物の悪意ある破損や破壊，その他の暴力を抑止することに失敗してきた。[……] この種の活動は，普通の市民には不愉快で仕方ない。[……]（1985年3月2・3日掲載，レーゲンスブルク市，KL）

このように，いわゆる「よそ者」が地元に入ってきて，落書きや破壊行為をすることに対して，地元住民は強く反発しました。さらに，1985年10月にミュンヘンで行われたデモに関して，次のような投書が立て続けに掲載されています。

〔10月12日のミュンヘンでのスター・マーチは〕穏やかに抵抗を展開し，それはいい気分だった。それなのに，よりによって，「黒いかたまり」が突如として現れ，暴れ始めた。〔……〕私は，ミュンヘンで暴力沙汰を起こしたようなラディカルなオートノミーからは距離をおきたい。〔……〕こうしたグループを受け入れ続けることに関して，BISに警告したい。今後も受け入れていけば，BISは，苦労して獲得したオーバープファルツ住民からの共感を失うだろう，と。平和なデモをしていれば，警察を不安に思う必要はない。(1985年10月16日掲載，シュヴァンドルフ市，AH)

〔10月12日にミュンヘンで起こった〕あの騒動以来，ますます多くの警官たちがやってきて，正当性をもってこの地域を監視するようになった。〔……〕黒い服に身を包んだ若者たちが，再処理施設に関係ないスローガンを叫ぶのは，まったく不愉快だ。(1985年10月18日掲載，シュヴァンドルフ市，SK)

ここで「オートノミー」や「黒いかたまり」などと呼ばれているのが，地元外からやってきた暴力的な若者たちです。彼らが運動に参加するようになり抗議活動が徐々にエスカレートした1985年以降，地元住民のあいだで強まっていたのは，反対運動に乗じて暴力的な行為をとる若者たちへの嫌悪感であり，若者たちの行為が警察部隊に介入の口実を与えてしまうことへのいらだちでした。反対運動を成功させるためには暴力的な若者たちを受け入れるべきではないと主張し，彼らの参入を黙認するBISの運動方針に疑問を投げかける投書が，地元住民によって繰り返されたのです。

ここからわかるのは，上で述べたBISによるフレーミング戦略が地元住民には効いていなかったということです。BISが「現場の非暴力は保たれている」と主張したところで，地元住民はそうは受け取っていなかったのです。この時点で，ヴァッカースドルフの反対運動は地元住民からの支持を失い，瓦解しかねない状況にありました。ですが，実際には瓦解を免れ，1986年以降，爆発的な盛り上がりをみせています。なぜでしょうか。この謎を解く手がかりも，MZ紙の投書欄にありました。

写真5.2で示したように，1985年末から1986年はじめにかけて，WAA建設予定地の森で敷地占拠が行われました。その敷地占拠が終了すると，MZ紙の投書欄には次のような投書が掲載されました。

> 想像を超える警察権力と対峙させられたことは，森のなかでデモの権利を行使した市民たちに，いかに強い脅威を与えたことだろうか。[……] ヘルメットをかぶり肩を組んで立つ連邦国境警備隊の部隊は，そして，どう猛な警察犬（口輪無しの！）で武装した鉄道警察隊の光景は，それまでは穏やかにあたりを歩いていた人びとに，どんな感情を呼び起こしただろうか。
> （1986年1月16日掲載，レーゲンスブルク市，MB）

これは，敷地占拠が警察部隊によって強制撤去された際に地元住民が感じた恐怖と困惑を告白する投書です。じつは，強制撤去のときに投入された警察部隊は従来のものとは異なっていました。それまで監視にあたっていたのはバイエルン州内から配置された警察であり，とりわけ地元の警官が派遣される場合が多かったのです。反対派住民と警官が顔見知りである場合も少なくなく，地元住民の言葉を借りれば，「警察は友好的」でした。これに対して，この強制撤去にあたって初めて投入されたのが，連邦国境警備隊とベルリンの機動隊です。地元とゆかりのない彼らは住民に対しても容赦なく撤去作業を進めていきました。強制撤去の現場は，それまでにない物々しさと荒々しさを帯びた空間となったのでした。

こうして新たに投入された敵対的な警察部隊と対峙し身の危険を感じた経験は，地元住民にとっては予想外の衝撃的なことでした。国境警備隊や機動隊は国家権力の体現であり，地元住民は，この経験を通じて否が応でも国家権力の存在を認識するにいたります。しかも，強制撤去の標的になったのはオートノミーたちだけではありませんでした。地元住民も拘束されるという事態さえ発生したのです。

聞き取り調査では，この段階にいたって，地元住民たちは「じつは自らも国家権力から敵とみなされる存在となっていたのだ」と気づかされたという語りが得られています。そしてそれを裏づけるように，MZ 紙の投書欄ではオートノミー批判はほとんどみられなくなります。代わって増えたのは，次の投書にあるような，警察部隊や，警察部隊を投入して現場の鎮圧にかかる政府への批判でした。

［……］拳銃や催涙ガス，警棒，口輪を外したどう猛な警察犬で武装した圧倒的な人数の警官を投入し，道路を封鎖することによって民主主義を軽視し始めた CSU［当時のバイエルン州政権与党］をいったい誰が支持しようか。（1986 年 1 月 24 日掲載，プライムト村，WK）

これらからわかるのは，1984 年夏以降の暴力問題をめぐっては，BIS によるフレーミング戦略は有効ではなかったものの，現場での警察部隊との対峙を経て，住民たちが自身の集合行為フレームを転換させていたことです。この考察については，項を変えて，リサーチ・クエスチョンに答えるかたちで詳しくみていきましょう。

「問い」への応答

(1) リサーチ・クエスチョンへの応答

ヴァッカースドルフの事例で私が明らかにしようとしたのは，「地元住民運動団体 BIS はどのようにして『よそ者』の受容をめぐる問題の克服を試みたのか」であり，これをフレーム分析の観点から言い換えたのが，① BIS はどのようなフレーミングを行ったのかと，② BIS のフレーミングはどこまで有効だったのという，2 つのリサーチ・クエスチョンでした。それぞれについて，データの分析をふまえてみていくと，まず①については，BIS は，反対運動開始当初，「地元の利害を重視する非暴力的な運動」というフレーミングを行って地元住民の動員を試みたことがわかりました。暴力的な「よそ者」が現場にやってくるようになり，「非暴力」フレームが崩れそうになった際には，「暴力」を再定義して現場の「非暴力」性は維持されていると主張したことも明らかになりました。

次に②については，運動開始当初のBISのフレーミングは成功し，地元住民は「非暴力」と「地元の利害重視」フレームに共鳴して運動に参加したことがわかりました。しかし，やがて暴力的な「よそ者」が運動に入ってくるようになると，住民は「非暴力」フレームが崩れたとみなすようになり，住民の支持は失われつつありました。「非暴力」フレームを維持しようとするBISの戦略は失敗したのです。ではなぜ，反対運動が失速しなかったのかというと，地元住民が「よそ者」を受け入れるようになったからであり，それはBISのフレーミング戦略によるものではなく，敷地占拠の強制排除を経験したことによるものでした。警察から手荒な扱いを受けたことで，非暴力に徹していようが「国家の敵」とみなされることを，地元住民は痛感したのです。そして地元住民は，自らが国から「不当な存在」とラベリングされているという事実と向き合うことになりました。さらにそれによって，自分たち同様に国から「不当な存在」とみなされてきた暴力的な「よそ者」を理解しようとするようになったというのが，データを分析して得られた答えです。

(2) 「中くらいの問い」への応答

リサーチ・クエスチョンへの応答をふまえ，「中くらいの問い」，すなわち「地元住民運動団体BISは反対運動においていかなる役割を果たしたのか？」について検討すると，BISは反対運動の中心的役割を果たしていたことが指摘できます。とくに，訴訟や，イベントや直接行動の企画・実行や，情報の普及など，多岐にわたって反対運動を主導しました。反対運動は，基本的に，BISの方針に沿って展開されました。ただし，データの分析が示すのは，フレーミング戦略の失敗にみられるように，BISの戦略がすべて功を奏したわけではないという点です。

このことから考察できるのは，建設計画を中止させることに成功した反対運動でも，その成功は，必ずしも運動団体の戦略の成功によるものではないかもしれないということです。運動団体の戦略ではなくその他の要因，ときに「偶然」が反対運動のゆくえを左右することが大いにありうるということです。反対運動は，必ずしも戦略のきれいな連続として展開していくのではなく，実体は試行錯誤の「接ぎ木」であることも多いと指摘できるでしょう。このことをさらに敷衍させれば，動員戦略を過度に説明変数化することの危険性も指摘できるかもしれません。

(3) 「大きな問い」への応答

最後に，「なぜ，ヴァッカースドルフの反対運動は旧西ドイツ全土から参加者を動員するまでに拡大されえたのか」という「大きな問い」への回答を試みると，次のような説明ができそうです。それは，地元住民が集合行為フレームを転換させたことにより，さまざまな団体や人びととの連携が進んだというものです。具体的には，「連邦政府に対して自分たちの正当性と州政府およびDWWの不当性とを訴える運動」という集合行為フレームから，「連邦政府を敵に回してでも，自分たちの正当性をかけて闘う運動」という集合行為フレームへの転換です。非暴力に徹して“正しい”反対運動をしていれば，連邦政府は自分たちの声を聞いてくれる，だから非暴力に徹するべきであり，暴力行為に出る「よそ者」とは距離をとるべきであるというのが，敷地占拠（1985年末～1986年はじめ）までの地元住民の考え方でした。ですが実際には，WAA計画に反対すること自体，連邦政府にとっては不当な行為であり，非暴力に徹していようがいまいが，反対運動はすべてけしからぬ存在でした。敷地占拠の際の強制撤去を経てこのことに気づいた地元住民たちは，非暴力へのこだわりをある程度捨て，「国にたてつく不当な存在ですが，それが何か？」という悲壮な開き直りのもと，運動を展開する

写真5.6 「私たちカオス（“暴力的な人びと”の意）です」の横断幕でデモを行う地元住民（1987年のBISのニューズレターより）

ようになりました（写真 5.6）。そしてそれによって「よそ者」との連帯が進み，ひいては旧西ドイツ全土からの参加者を受容することが可能になったのです。こうして最終的にヴァッカースドルフは原子力施設反対運動の「聖地」としての役割を果たすことができるようになったというのが，集めたデータをもとに私が出した結論です。

6 課題や限界，注意点，悩み

リアルタイムで聞き取り調査や参与観察ができないことによる困難

このように書いてくると，私の調査研究はスムーズに進んだかのように思われるかもしれませんが，実際はそうではありませんでした。たとえば，先にあげたように，私が対象とした事例は 1980 年代に展開されたものであり，それゆえ生じる問題がありました。現時点から過去を振り返って語ってもらうことによって生じる問題です。反対運動が“勝利”に終わってから 15 年以上経ってからの聞き取り調査では，勝つか負けるかわからない状況だった当時に人びとが抱いていた，刻々と変わったり揺れ動いたりしていた運動への評価や意味づけを捉えることは困難です。語り手は，現在から過去を振り返ったとき，過去を再構成し，現在からみたときに首尾一貫するように語りを編集する可能性があるためです。

この難点を乗り越えるために，私が地元紙の投書欄を用い当時の声を拾うよう試みたことは，先に述べたとおりです。それによって，当時の，住民による反対運動への評価も明らかにできました。ただし，この方法を用いてもなお課題が残ることは否めません。というのも，投書欄を用いる場合，“声が大きい人”の声のみを拾ってしまう恐れがあるためです。新聞に投書するのは，確固とした自分の意見を有し，それを表明したいと強く思っている人です。そうした人びとの背後には，そうではない人びと，すなわちさまざまな理由から自分の意見を表明しにくい人びとが存在します。そのような表には出てきにくい“声”をいかに拾うのかは，私にとって依然，課題として残っています。解決策の１つとしては，「運動はいかに語られるか」といった，運動の記憶の継承をめぐる問いへと「問い」をずらすことも可能であると考えています。

計画に賛成だった人や反対しなかった人へのアクセスの難しさ

過去を振り返って語ってもらうことの難しさにくわえて，当時，反対運動に積極的に参加していなかった人びと，すなわちWAA計画に賛成だった人びとや立場表明をしなかった人びとへのアクセスの難しさも，私が痛感したことです。そもそも私が反対運動の調査をしにきていることから想像される私自身の立場性（つまり，私自身が原発反対であろうこと）や，Nさんのような人びとにまずアクセスし，反対運動に積極的だった人びととのネットワークを形成していることなどから，必然的に，彼らとは立場の違う人びとへのアクセスは困難になりました。しかも，何とかアクセスできても，かつての計画賛成派はWAAをめぐる闘争に“負けた”人びとであり，そうした人びとは口をつぐむ傾向にあります。彼らのなかでは，WAAをめぐる闘争は，結果として“負けた”ネガティブな経験として意味づけられており，できれば蓋をしておきたいことがらだからです。そのような忘れたい過去を蒸し返すことで人びとに“苦痛”をもたらしかねない，ネガティブな経験の聞き取りには，研究者はことさら慎重になる必要があります。

こうした困難に対して，私の場合は，WAA計画に賛成だったまたは反対しなかった人びとを，「WAA誘致によって地域社会の衰退を食い止めようとした人びと」と位置づけ直してみました。彼らは「どのようにして地域社会の衰退を食い止めようとしたのか」というように問いを立て直すことで，WAA計画に賛成だったまたは反対しなかった人びとへの，彼らを傷つけることのないアプローチを，現在試みています。

運動の「成果」「影響」とは何か？

最後に，一番厄介な，それゆえ検討する価値があると思われるのが，社会運動の「成果」や「影響」をいかに設定するのかという課題です。本章のタイトルは「なぜ成功・失敗する？　どのように影響を与える？」ですが，そもそも何をもって「成功・失敗」や「影響」とみなすのか，という問題です。ヴァッカースドルフの事例の場合，反対運動の最も顕著な成果とは，WAA 建設計画の白紙撤回であり，それは果たされました。ですが，実際に聞き取り調査をしてみると，「本当に計画を押し戻せるかどうかはわからなかった」といった語りが複数の運動関係者から聞かれます。ではなぜ，反対運動をしていたのかといえば，「たとえ WAA が建設されてしまったとしても，そのためにできるだけコストをかけさせるため」であり，「当初の計画よりもより安全な施設にさせるため」であったといいます。このことをふまえれば，仮に，反対運動のすえに WAA が建設されていたとしても，反対運動を通じて建設のコストが当初の数倍に膨れ上がり，建屋の安全性も向上したことから，彼らの反対運動には「成果」があったといえそうです。

さらに，地元住民が脱権威主義的な志向性をもつようになったことや，他地域の原子力施設反対運動との連帯形成や，運動終了後に BIS の中心メンバーが政治の舞台に進出したことや，イベントを通じて形成された抗議運動カルチャーなど，副次的なものまで含めると，反対運動の影響はかなり広範です。この点について，片桐（1995）は，社会運動の効果を 8 つに整理しています。①公的状況の変革（政治制度や政策の転換をともなうもの，ともなわないもの），②運動の価値の一部の普及，③運動に対する社会統制の強化，④他の運動の源になること，⑤風俗文化への影響，⑥運動目標の達成による成員個人の不満解消，⑦集合的アイデンティティや連帯感の付与・強化，⑧意識変容，の 8 つです。これらのうち，説明的研究を行う際に運動の成果として被説明変数に設定されることが多いのは，①公的状況の変革，なかでも政治制度や政策の転換をともなうものです。

ですが，さまざまな社会運動の現場を目の当たりにしてきた私は，公的な状況を変えられなかった運動を「成果なし」と評価することにためらいを覚えるようになりました。現場での人びとの奮闘ぶりを目の当たりにしてしまうと，「公的な状況は変えられなかったけれど，あなたたちの奮闘にはそれなりに意味がありましたよ」と言ってあげたくなるのです。事実，たとえ公的な状況を変えられなくとも，運動に参加した人びとがまったく何も得なかったわけではありませんし，社会にはなんらかの影響を与えている可能性があります。とはいえ，社会運動の成果をある程度限定しないと，「成果／影響があった」だらけになってしまい，何を説明すればよいのかわからないという状況に陥ることも事実です。説明的研究を行う以上，「運動の成果」は限定的に考えなければならず，そのうしろめたさを解消するためには，説明的研究をいったん離れて，解釈的研究において運動の「成果」や「影響」の検討を行うのがよいのではないかというのが，この問題に対しての暫定的な私の結論です。

EXERCISE ●課題

1 【その場で考えられる問題】 身の回りの環境を守るための運動として，反原発運動のほかにどのようなものがあるか，思いつくものをあげてみよう。

2 【調べたり読んだりしないとわからない問題】 日本で展開された環境運動のなかから 1 つを選び，その経緯や結果について調べてみよう。

3 【調べたり読んだりしないとわからない問題】 ①2で調べた運動の担い手はどのような人たちだったのか，②彼らが提示した集合行為フレームはどのようなものだったのか，運動団体のウェブサイトや SNS などから導き出してみよう。

4 【応用問題】 23で調べた運動がもたらした「成果」や「影響」とはなんだったのかを考えてみよう。直接的な「成果」「影響」のほかに副次的な「成果」や「影響」があったかどうか，考えてみよう。（→ヒント：本章の第 6 節）

参考文献　Reference ●

青木聡子，2013，『ドイツにおける原子力施設反対運動の展開過程——環境志向型社会へのイニシアティヴ』ミネルヴァ書房。

舩橋晴俊・長谷川公一・飯島伸子，2012，『核燃料サイクル施設の社会学——青森県六ケ所村』有斐閣。

Goffman, Erving, 1974, *Frame Analysis: An Essay on the Organization of Experience*, Harvard University Press.

片桐新自，1995，『社会運動の中範囲理論——資源動員論からの展開』東京大学出版会。

Kretschmer, Winfried, 1988, "Wackersdorf: Wiederaufarbeitung im Widerstreit," Linse U. u.a., *Von der Bittschrift zur Platzbesetzung: Konflikte um technische Grossprojekte: Laufenburg, Walchensee, Wyhl, Wackersdorf*, J. H. W. Dietz.

Kretschmer, Winfried und Diter Rucht, 1991, "Beispiel Wackersdorf: Die

Protestbewegung gegen die Wiederaufarbeitungsanlage," Roth Roland und Diter Rucht Hrsg., *Neue soziale Bewegungen in der Bundesrepublik Deutschland*, Campus.

McCarthy, John D. and Mayer N. Zald, 1977, "Resource Mobilization and Social Movements: A Partial Theory", *American Journal of Sociology*, 82 (6): 1212-39. (= 1989, 片桐新自訳「社会運動の合理的理論」塩原勉編『資源動員と組織戦略――運動論の新パラダイム』新曜社)

西城戸誠, 2008,『抗いの条件――社会運動の文化的アプローチ』人文書院。

Nössler, Bernd und Margret de Witt, Hrsg., 1976, *Wyhl: kein Kernkraftwerk in Wyhl und auch sonst nirgends: Betroffene Bürger berichten*, inform-Verlag.

Rucht, Dieter, 1994, *Modernisierung und neue soziale Bewegungen: Deutschland, Frankreich und USA im Vergleich*, Campus.

Snow, David A., Burke E. Rochford Jr., Steven K. Worden and Robert D. Benford, 1986, "Frame Alignment Process, Mobilization, and Movement Participation", *American Sociological Review*, 51(4): 464-81.

CHAPTER

第6章

なぜこういうことをしているのか？

世界各地の抗議行動から

1　社会運動の動きも視覚的に

絵にすること，図にすること

小さい頃から絵を描くのが好きでした。消防車を描くコンテストで「銀賞」をとったり，高校のときに美術部に勧誘されたりしたこともあります。美術大学への進学を考えて，美大進学予備校の見学に行ったこともありました。ものごとを視覚的に考えるのが好きなようで，大学生の頃，難しい書籍を読むときにも，よくスケッチブックに内容を図示して理解していました。

そんな私ですから，社会運動を研究するときも，できごとを視覚的に整理することがあります。

たとえば社会運動は，いろいろな（抗議）行動をたくさん行っています。路上でのデモ行進，広場や公園，スタジアムなどでの大規模な集会，大小のホールでの屋内集会（シンポジウムや勉強会，討論会，映画イベントなど），他にも占拠や道路封鎖をしたり，チラシやビラをまいたり，署名活動をしたり，ときには裁判をしたり，さまざまなことをしています（写真 6.1 ～ 6.4，いずれも筆者撮影）。こうした抗議行動の発生場所を，Google Maps 上に全部細かくマッピングしてみます。そうすると，発生場所の空間分布に規則性や多様性がみえてくることがあります。近い距離だと思っていたらかなり遠かったり，地下鉄など

写真 6.1　デモ行進（2009 年ピッツバーグ）

写真 6.2　デモ行進（2009 年コペンハーゲン）

の交通網が大きな役割を果たしていそうだったり，いろいろと発見があるので，つい時間を忘れて作業に没頭してしまうのです。

ローマのホテルの一室で

初めて意図的に，抗議行動をマッピングしようとしたのは，2009年7月のことです。イタリア中部の伝統的都市ラクイラで開催されたG8サミットに対してなされたさまざまな抗議行動を，ラクイラとローマでいろいろと調査していたときのことでした。

もともとサミットは，地中海の保養地ラ・マッダレーナ島で開催される予定でしたが，ベルルスコーニ首相が当時，大地震の被害を受けていたラクイラに，復興支援の意味合いを込めて変更したのでした。そのため抗議行動は，被災者のことも考えて，おもに，同じ中部にある首都ローマで展開されていました。

ある夜，ローマのおいしい食堂でイタリア料理（魚介のグリル，ピッツァ，パスタにティラミス）を食べたあと，ホテルで1人ノートパソコンにいろいろと情報を整理していました。ウェブ上に公開されていた抗議行動の「タイムライン」（できごとの日時，名称，主催，詳細を時系列に並べたリスト）や自分自身の参与観察の記憶を頼りに，いったいどこで何があったのかを整理していたのです。その際，Google Mapsを活用すると，わかりやすく抗議行動の位置と移動を示すことができ，また移動ルートや交通機関・所要時間の検索も容易にできること，ストリートビューで事前事後の現地の写真も確認できることをあらためて確認したのです。

昼も夜も夜中もいろいろな抗議行動が，イタリア全土で，しばしば世界中で，

写真6.3　野外集会（同左）

写真6.4　屋内集会（同左）

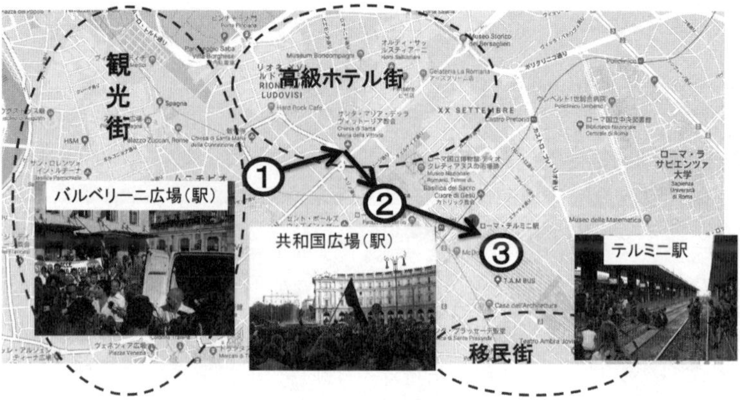

CHART　図6.1　デモ行進（2009年7月5日，ローマ中心部）のルート

起こっていましたから，嬉々としてそれらの情報をリアルタイムで集めつつ，場所と動きをどんどん記述していったのでした。

ローマでの抗議行動の様子

たとえば，2009年7月5日（日）の午後にローマ中心部で発生した，数千人規模のデモ行進のルートを示したのが図6.1です。

ローマ中心部には，テルミニ駅（ローマの中心駅）からみて西側に観光街（スペイン広場やトレビの泉，パンテオンなど）や高級ホテル街（各国首脳が滞在），南に移民街などが存在しています。デモ行進は，それらのあいだを通って，バルベリーニ広場（図中の①）から共和国広場（②）へ，さらに一部（数百人程度）がローマ中心にあるテルミニ駅（③）になだれ込んだのでした（電車は一時的にストップしました）。

バルベリーニ広場から共和国広場へのデモは道幅いっぱいになされ，警察車両もデモの先頭と最後に着くだけでした。共和国広場からテルミニ駅までのデモも，事前に申請されていない無許可のデモでしたが，とくに警察・機動隊が止めることはありませんでした。テルミニ駅に若い人たちが乱入することになると，さすがに警察・機動隊は隊列をつくって排除するようになります。拘留された人たちもいましたが，何かを破壊していなければ，たいていはその日のうちに解放されていました。

図6.1の①②③は，集会が開催された場所でもあります。デモ開始点のバルベリーニ広場では，2時間ほど，抗議集会がなされました。多くの人が拡声器で，イタリア語で主張をしていました。共和国広場やテルミニ駅前でも小さな話し合いや集会が繰り返されました。

なぜこういう動きをしているの？

私はビデオカメラで動画を撮影しながら，友人のイタリア人研究者（エマニュエレ・トスカーノとダニエレ・ディヌンツォ。私含め3人はアラン・トゥレーヌ〔第**3**章参照〕の弟子の弟子）と一緒に，道いっぱいに広がったデモのまわりを歩いていました。その最中は，いったい自分がどこを歩いているのかよくわかりませんでした。でも終わってから，あとで落ち着いてデモ行進の流れをマッピングしてみると，自分がどこをどう歩いていたのかよくわかったのです。

図示をすると，なぜこういうデモルートなのだろう，なぜここで集まって，ここで解散したのだろう，なぜここで方向転換しているのだろう，といった疑問がわいてきます。それぞれの場面で地域住民はどう反応していたのだろう，警察はどう配置されていたのだろう。

またそもそもデモ参加者はいったいどこからやってきたのだろう，途中でデモを離れる人はどこで離れて，また新たにどこで人びとは参加してきたのだろう，警察と衝突したあとで人びとはどこに行ったのだろう，拍手や声援はどこでどういうタイミングでなされているのだろう，といろいろ考えてしまうのでした。

ニュース報道では，「デモがありました」「抗議の集会がなされました」で終わってしまいます。しかし，そこにはいろいろなものがいっぱい詰まっているように思えてくるのでした。

そこで，すでに調査をしていた洞爺湖G8サミットやピッツバーグG20サミットに対する抗議行動についても，同じようにGoogle Mapsに記述していくようになったのです。

捉えがたい抗議行動

ただ，こういった抗議行動をいざ本格的に分析しようとすると，これがなかなか難しいのです。抗議行動はあまりに流動的で，またしばしば隠密的ですし，全体について誰も把握できていないことも少なくないからです。

たとえば，デモ行進ではいろいろなハプニングが起こります。走り出す人，出ていく人，新しく入ってくる人もいます。突然，まわりのビルから声援がかかって対応することもあれば，反対に批判が飛んできてもめることもあります。急きょ，警察と交渉する必要が出てきたり，ときには警察・機動隊と対決する場面も出てきたりします。

合法的で主催団体が明確な場合でさえ，参加者の数はしばしば誰にも予測ができません。終了する予定が終了せず，進む予定が進まず，始まる予定が始まらないで，すべてが中止になります。思いもよらないところでデモ同士が合流し，あるいは一部が分離して，予想外の動きをするようになることもあります。急速に参加者が増えたり減ったり，突然，さまざまなトラブルや対立が起こったりします。

集会だけの場合も，さまざまなことが起こります。集会中，人はどんどん移動します。暑くなって日陰に移動する人もいます。マイクを持つ人が述べたことで盛り上がって参加者が増えることも，逆に一気に人が減ることもあります。雨が降ってきて傘をさす人，ささずに帰宅する人もいます。

集会の入り口あたりで，集会の趣旨とあまり関係のないイベントのチラシやビラを配る人たちもいれば，ただ署名を集めたくて来る人たちもいます。いったい誰が「参加者」なのか，誰が単なる通行人なのか，ふらっと寄っただけの人なのかの区別はほぼ不可能です。盛り上がって，急きょ，予定外の提案がなされることもあります。「いまから外に出てデモをしましょう」ということになる場合もあるのです。

さらに，本当に隠密に動く活動もあり，それらはどうやっても把握できないままに終わるのです。

しかし抗議行動こそ重要では？

このように抗議行動は非常に流動的で，調査がとても難しく，世界的にみても抗議行動それ自体の研究はほとんど進められてきませんでした。社会学だけでなく，政治地理学，政治学，法学，人類学，歴史学など，他の人文社会科学においても状況は同じです。

「重要じゃないから，誰もやってこなかったのではないですか？」という意見もあるかもしれません。たしかに，現状は運動の組織戦略に関する研究がほとんどで，具体的な抗議行動はエピソードとしてふれられるだけか，たんに1つのできごととして件数を数えられるだけかになっています。

しかし，〈社会運動といえば抗議行動〉〈抗議行動こそ運動の「現場」ではないか〉という見方もありえると私は思ったのです。流動的で調査が難しいからといって社会運動にとって重要な部分がほとんど無視されているとすれば，それは問題だと感じたのでした。むしろ世界中の社会運動研究者が組織戦略に目を向けているなかで，かなり違うことをするチャンスかもしれないと思ったのです。

第一歩としては，抗議行動をしっかりと観察して，その全体像を把握して，その動きを確実にフォローすることが大事です。どんな社会現象でも，まずはそれをしっかりと観察し，データを集めることから，研究は始まるからです。その作業が不十分であれば，そのうえにどれだけ複雑で高度な分析をしても，ほとんど意味はなくなってしまいます。

しっかりと抗議行動を記述し，いろいろな事例を比較検討していけば，抗議行動の成功・失敗のメカニズムもみえてくるかもしれません。

禁断のテーマ？

「『禁断のテーマ』だから，誰もやってこなかったのではないですか？」という意見もありそうです。たしかに抗議行動を詳細に描いてしまうと，その抑制をはかろうとする政府（警察）側に利用されてしまう可能性があります。もし抗議行動の成功や失敗の原因がわかることがあれば，政府（警察）にとってはとても「ありがたい」研究になってしまいます。それでよいのか，という心配は私のなかにもあります。

しかし，民主社会においてデモや集会は，選挙での投票とまったく同じはずの，普通の政治行動です。それなのにデモや集会を恐れる風潮が日本の若い人のあいだにあるのは，きっとデモや集会が「謎」のままになっているからだろうと私は考えたのでした。成功したデモや集会は国内外にたくさんあるのに，それが知られていないのかもしれないと思ったのです。

50年ほど前であれば，日本でもたくさんの学生がデモや集会に参加していましたから（第2章参照），デモや集会が何を意味するのかは若い人にとってもほとんど自明でした。しかし現代ではまったくそうではありません。

国際比較でみれば，日本の若者のデモや集会への参加経験は，ヨーロッパ諸国やアメリカはもちろん，ラテンアメリカ，アフリカ，そしてアジアのほとんどの国の若者と比べて，はるかに低調です。欧米諸国では，デモや集会は現在でもごく日常のことであり，ほとんどの若者が参加経験を有しています。参加したことがあるので「謎」な感じは何もなく，恐れもなく，当たり前のように参加をし続けていきます。

それに対して現在の日本では，多くの若者にデモや集会への参加経験がありません。参加したことがないのでそれを謎に感じ，ときに怖くも思えて，近寄らなくなり，ますます謎に感じるようになる，という負のサイクルができあがっているように思えたのです。〈失敗ばかりで何の意義があるの？〉という「誤解」も多いかもしれません。

もしそうであれば，誰かが，デモや集会をちゃんと描いて正確に伝えること，そのなかにいろいろなものがあって，さまざまな主張があるということ，歴史的に国際的にとてもたくさんなされてきたことであり，失敗するときも成功するときもあること，さらに現代の民主的な社会をつくりだし，維持するのに寄与しているということをちゃんと伝えないといけない，しかも説得力あるかたちでデータにもとづいて伝えなければならない，と私は考えたのでした。

抗議行動に，民主的社会に役立つことも

国内外問わず，いろいろなデモ行進や集会を描き，その成否を検討することは（警察に役立つ以上に），実際に運動に取り組む人たちにとっても，有益なものになるはずだと私は感じています。「よりよい」抗議行動，成功・失敗した抗議行動がどういったものかを理解することができれば改善をはかることができるでしょうし，なんとなくの経験則を超えていくことができるはずだからです。

日本において，デモや集会のありようやその効果に対する政治家やメディア，

評論家の批判は多いです。海外の事例と比べて，「弱い」「小規模だ」という評価もよくなされています。過去の日本のデモや集会はもっと巨大で有意義だった，という声も聞いたりします。それらがどこまで事実なのか，ちゃんとした正確な知識を提供することができれば，批判を正し，乗り越えていくこともできるでしょう。抗議行動のありようや効果に関する誤解や風評，「神話」を正すこともできるでしょう。

ときに先端的技術も活用しつつデータを収集し，国際・歴史比較的な分析をしていくこと，当たり前の政治行動であるデモや集会のありようや効果を検討していくことは，民主的な社会のありようについて議論するうえで，とても大事な基礎になりえると私は考えたのです。

楽観的かもしれませんが，もしうまくいけば，デモや集会に対する若い人たちの不安をかなり払しょくし，日本社会全体が普通の「当たり前」の政治行動としてそれらを受け入れるような状況の実現に寄与するかもしれません。また，欧米社会並みに，デモや集会を実施しやすい物理的環境（広場や公共施設の利用拡大）・社会的環境（道路交通法や公安条例などの修正）をもたらすことにもつながるかもしれません。

難しいけど頑張ってみよう：新しい研究プロジェクト

本格的に，抗議行動それ自体を研究対象にしてみようと考えたのは，2017年の夏になってからです。風邪をひいて寝込みながら，今後10年の研究方針についてあれこれと考えていたときでした。

そして2018年夏に開催される国際社会学会の大会に向けて英語発表の要旨を書いているときに，〈さまざまなデモ・集会事例をGoogle Mapsに記述し，そのデータベースをつくることで，世界中の研究者と共同研究ができ，歴史学や情報学など他学問との連携も可能になってくるだろう〉という文章を初めて書き込んだのでした。

国内外に先行研究がほぼ存在しないことを確認できたときは，とてもうれしかったのを覚えています。と同時に，新しいアイデアを他の研究者にまねされるのは嫌だな，と思って，早く英語か日本語かで論文にしなくてはいけないと，少しあせった（！）のでした。初めての感覚でした。

急いで論文を書いて，同年9月に日本のある学会誌に投稿しました。英語化することを前提にしていましたので，事例は，世界中の運動研究者が知っているであろう1999年シアトルWTO（世界貿易機関）への抗議行動にしました（第3章も参照）。詳細なタイムラインが公開されていましたので，そのデモや集会をGoogle Maps上に記述することもできたのです。12月に日本のある研究会で初めて研究発表も行いました。そして，2018年5月に先ほどの投稿論文（濱西2018）は無事，査読を通過して学術誌に巻頭論文として掲載されたのでした。

2018年7月の西日本豪雨災害への対応で，肝心の国際学会には参加できなかったのですが，代わりに日本語論文を英語に翻訳して，海外の知り合いの研究者たち（デッラ・ポルタやトスカーノら）に送ったところ好評で，ある研究者は，共同研究でベルリンでの極右団体のデモ行進を記述・分析したいといってくれました（こちらの態勢がまだ追いついていないのですが）。

その次に，集会についても何か描くことができないだろうかと思って，「ビッグデータ」にも注目するようになりました。2018年にスマートフォン使用者に関するビッグデータを試しに自費で購入し，分析していきました。2019年度からは，文部科学省の科学研究助成金も得ることができましたので，目下，研究を進行中です。

本章は，最後の章ですから，未来に向けて，現在進行形のこのような抗議行動研究を以下では取り上げてみたいと思います。

2 反WTO・反サミット・反安保法制

運動組織と抗議行動

現在，デモ行進や集会は世界中でみられます。多くの国でそれこそ毎週のように，何かに抗議したり賛意を示したりする政治的な集会やデモがなされています。日本でも全国で数多く実施されています。とくに2011年の東日本大震災のあと，脱原発・反原発の運動が大きく盛り上がりをみせました。東京では国会議事堂や首相官邸の前，経済産業省や東京電力本社ビルの前で，いろいろな抗議集会やデモが数多くなされました。また2015年には，政府が提案した安全保障関連法制に対して，国会前で抗議集会が繰り返しなされました。

従来は，労働組合や学生団体がメンバーに連絡して，抗議行動に参加するように指示・依頼する（「動員する」）かたちが多かったようですが，オルタ・グローバル化運動やサミット・プロテスト，中東諸国の民主化運動（「アラブの春」），オキュパイウォールストリート運動，香港の民主化運動など，最近の運動によくみられるのは，（SNSを利用して）デモや集会のテーマと場所と時間だけを指定して，自由に人が集まれるようにするスタイルです。

確固とした運動組織の形成よりも，抗議行動の実施のほうをまず優先するような傾向は，日本国内でも2008年洞爺湖G8サミット時のデモ行進や集会，東日本大震災以後の脱原発・反原発運動，2015年の反安保法制運動（後述）などにみられるものです。

組織化を避ける背景①：監視国家・社会でのリスク

近年，組織化を意図的に避ける傾向が，世界中の運動でよくみられるようになっている背景には，おそらく2つの理由があるのでは，と思っています。

まずもって監視の目です。秘密警察が暗躍するような独裁的，権威主義的な国家体制では，政府に批判的な運動組織をつくること自体が非常に危険です。たとえばメンバーや幹部のリスト，運動組織の指揮・命令系統や役割分担も政府に知られれば容易に弾圧に利用されます。別件逮捕されて，投獄されて，拷問を受けて殺されることもあります。

「表現の自由」が憲法等で保障され，三権分立がなされているはずの民主主義的な国家においても，テクノロジーの発展によって，政府による市民の監視は非常に容易になってきています。すでにいたるところに監視カメラはありますし，EメールやSNSのプロバイダーがその利用者の情報を政府（警察）に提供するしくみも存在しています。

さまざまな寄付や応援コメント，またお金のやりとりがウェブ上でなされるのが一般的になるなかで，（ウェブは匿名のようにみえても，すべて監視が可能ですから）人びとのあらゆる営みやつながりが政府（警察）によって把握されうる状況になっています。

やがて日常の行動記録，睡眠記録，読書歴，購入商品……すべてがアプリをとおしてスマートフォンに記録され，運営会社から政府（警察）に提供される時代になれば，人とつながること，集団や組織をつくること，集団として意思決定をしたりすることがますますリスキーになっていくのです。仮にそうだとすれば，今後，社会運動はますます組織化を避けて，デモや集会などの抗議行動の実施を優先するようになっていくのだろうと思います。

組織化を避ける背景②：暴力を避ける

もう1つの理由は，運動自体が，その内部での差別や暴力，また厳しい指示・命令関係，上下関係を許さなくなってきていることにあるのではないかと思います（とくに海外の近年の運動をみているとそう感じます）。以前は，〈めざす社会が実現されるまでは，もし運動のなかで嫌なことがあっても我慢する〉という状況がありました。たとえば，革命や「平等」な世界をめざすという「大義」のもと，たとえ運動内部で暴力や差別（女性差別，人種差別など），ハラスメント，嫌がらせがなされても，被害者はそれを我慢せざるをえないといった状況です。意見の対立から，凄惨なリンチや殺人にいたった事件さえありました。

それに対して，近年では，〈運動のありよう自体が，運動が実現しようとする社会・世界を先取りしていなければならない〉という考えが強くなっているようにみえます。たとえば非暴力的で平等な，差別のない社会をめざすのであれば，運動内部でもそういった暴力や差別を許してはならないし，平等でなくてはいけないという考えです。

とくに1999年のシアトルWTO抗議以後の運動では，暴力や差別，指示・命令関係や上下関係を避ける傾向が明確にみられるようになっています。そして，〈もし運動を組織化することが，リーダーと部下，幹部とそれ以外，指示する側とされる側の関係を生み出してしまうのであれば，組織化を一切避けよう〉という考えにいたる人びとも出てきています。つまり，運動を「会社」や行政組織，軍隊組織のように堅く組織化しようとするから，誰かに特定の役割を強制したり，誰かがサボっていると怒ったり，ハラスメントやときに暴力が発生したりするのであり，そういった危険性のある組織化は一切やめよう，という考えです。

他方で，抗議行動は実現しなければならないわけですから，その結果，〈抗議行動の実施〉の一点にしぼって水平的で一時的な連携を行うにとどめる，という運動スタイルが次第に一般化してきているようです。

テクノロジーの発展は，そのような一時的連携にもプラスになります。SNSやスマートフォンがあって初めて，行動中心の運動がこれほど可能になったといっても過言ではないでしょう（もちろんそれは同時に監視対象にもなるのですが）。

このように，今後，テクノロジーの発展とともにさらに監視社会化は進み，また運動内部の非暴力性・一時的連携の追求も進んでいくと思われます。そうなれば運動の組織化のもたらすリスクはさらに高まり，運動が次第に抗議行動中心になっていくことは避けられないでしょう。もしそうであれば，いよいよ社会運動研究は，たとえおそろしく困難であっても，抗議行動に目を向ける必要があるはずです。

抗議行動中心の運動事例①：1999年WTO閣僚会合反対運動

組織化を避けて〈抗議行動の実施〉にしぼった連携にとどめるというスタイルは，シアトルWTO抗議以後の運動，とくにWTO会場，サミット会場，大統領（首相）官邸，国会議事堂など，抗議対象の場所が明確な運動の場合に頻繁にみられるようになっています。

なぜなら，事前の調整がなくてもその場所に集まって抗議をするだけで，全体として1つの抗議行動になりますし，抗議が終わって解散すれば，関係性をその後も続けていく必要性がないからです。またこのスタイルは，負担が少ないので，多様な考えの人が集まりやすく，ときに巨大な抗議行動を形成することもあります。

さて，抗議行動を中心とした運動の典型例としてあげるべきは，まずもって，大規模なデモや，路上封鎖などの激しい直接行動で世界的に注目を集めた1999年シアトルWTOに対する運動だといえるでしょう（第**3**章でも少し紹介しました）。

デッラ・ポルタによれば，グローバル化にともなって，「社会運動はばらばらになり，ローカル化し，シングル・イシュー志向になり，周縁化されていく」と考えられていた時代に，突如，シアトル中心部で「1387 の NGO（非政府組織），労働組合，環境団体，宗教団体」が参加して「5 万人」のデモがなされ，その後も連日激しい抗議行動が展開されたのでした（della Porta et al. 2006: 70）。「学者もコメンテーターも予想していなかった」といいます。

シアトルでの抗議行動は，「世界中で活動していたさまざまな集団や社会運動組織（SMO）――ブルーカラー労働者，農場労働者，消費者，環境主義者，教会とフェミニスト，平和主義者，人権団体――が巻き込まれ集められていくプロセス上の重要点」であったといわれます（della Porta et al. 2006: 7）。多種多様の団体や個人が折り合うのは難しく，結果として，むしろ違いを認めたうえで，抗議行動だけは合同で実施するというスタイルがつくられていきました。抗議行動中心の運動として，先駆的な事例だといえます。かつ「成功した」とみなされることの多い事例です。

抗議行動中心の運動事例②：2008 年洞爺湖 G8 サミット反対運動

取り上げる 2 つ目の事例は，2008 年の洞爺湖 G8 サミットに対する運動です（これも第 **3** 章で取り上げている事例です）。

デッラ・ポルタは「シアトル以後，すべての国際サミットに，対抗サミットと抗議のデモが付き添うようになった」といいます。実際，2000 年以降のサミットには，必ず大規模な合同デモや直接行動がなされるようになっていきましたが，洞爺湖 G8 サミットは，その日本における代表例だといえます。

1990 ～ 2000 年代には，日本でも社会運動の商業化・制度化がよくいわれていました。社会的企業やソーシャルビジネス，コミュニティビジネスが話題になり，もはやデモ行進や抗議集会は「時代遅れだ」という認識がかなり広まっていたのでした。

そのため，洞爺湖 G8 サミットに対する大規模なデモ行進や集会，活動家の集まるキャンプの設営などが注目を集めたのでした。ここでも多種多様な運動が 1 つにならずにゆるく連携し，抗議行動を実現していきました。

抗議行動中心の運動事例③：2015 年安全保障関連法制への反対運動

第 3 に，2015 年の反安保法制運動を取り上げたいと思います。

CHART 図 6.2 『朝日新聞』2015 年 8 月 31 日付記事

安保法案反対 最大デモ

国会周辺に集結 全国各地でも抗議

参院で審議中の安全保障関連法案に反対する市民による抗議行動が30日、東京・永田町の国会議事堂前や周辺を埋めた。主催者発表によると、参加者は12万人で、安保法案をめぐる抗議行動では最大。参加者が歩道からあふれて、警察側が車道を開放した。市民らは車道に広がり、雨の中、「戦争法案廃案」「安倍政権退陣」と叫び続けた。

▼2面＝膨らむ理由は、33面＝世代超え

国会前で安保関連法案反対を訴える人たち＝30日午後２時７分、東京都千代田区、本社ヘリから、岩下毅撮影 デジタル版に各地の動画

霞が関や日比谷周辺まで人であふれた。警察関係者によると、国会周辺だけで参加者は約3万3千人。

主催したのは、平和運動を続けてきた市民らでつくる「戦争させない・9条壊すな！ 総がかり行動実行委員会」。5月に立ち上がった都内の大学生らがつくる「SEALDs」のほか、大学教授や研究者らの「学者の会」、子育て世代の「安保関連法案に反対するママの会」など、この夏に出来た団体が加わった。各地から大型バスを仕立てて参加した人たちもいた。

民主、共産、社民、生活の野党党首や、音楽家の坂本龍一氏もスピーチに立った。SEALDsの中心メンバーで明治学院大の奥田愛基さん(23)は「国会前の車道を埋め尽くして人々が声を出している。怒りであり、叫びです。憲法を守った方がいいっておかしな主張ですか」と声を上げた。

抗議やデモは北海道、名古屋、大阪、福岡、沖縄など全国で行われ、主催者の集計によれば、少なくとも全国約350カ所に及んだ。

安倍政権は9月27日までの今国会会期中に法案を成立させる考え。11日までの成立をめざすが、ずれこむ可能性もある。（市川美亜子）

2008 年以降，日本でも水平的で，組織化を避ける抗議スタイルが一般化していきましたが，さらに 2011 年以降，「アラブの春」やオキュパイウォールストリート運動などを経て，SNS（Facebook や Twitter）などを介したスタイルが世界的に通常化していく状況において，日本でのその代表例の 1 つといえるからです。

とくに取り上げたいのは 2015 年 8 月 30 日の国会前での抗議行動です。概要をわかりやすく説明してくれていますので，新聞記事を引用します（図 6.2）。

この事例も，安保関連法制反対という一点で多様なグループや個人が協力し，抗議行動の実施に傾注していった事例だといえます。かつやはり「成果があった」とみなされることの多い事例です。

以上の3つの運動を抗議行動中心の事例として取り上げようと思います。

3 運動がしていることを描いて説明する

3-1 運動がしていることを空間的に描く

明らかにしたいのは，まず抗議行動の具体的な動きです。そこでデモのルートや集会の場所を示し，1つの空間のなかに位置づけて描いてみたいと思います。

できごとや現象を空間的に捉える手法は社会学では伝統的なものです。たとえば，古くはシカゴという都市を事例に，非行少年居住地や映画館，家族構成などを図示するような研究が盛んになされました。抗議行動について，そういう前例がほとんどないのは，おそらくそれがきわめて流動的で，一時的なものだからでしょう。また，抗議行動を書き込む適切な「地図」を入手するのが難しかったこともあるのかもしれません。

しかし近年では，まず抗議行動の参加者によって抗議行動の時系列の展開が「タイムライン」として記録され，ウェブ上で公開されるようになっています。それをもとにデモ行進や集会の動きを把握でき，自分がその場にいなくても，多種多様な抗議行動全体を捉えることもできるのです。

次に，抗議行動を書き込む適切な「地図」も，たとえばGoogle Mapsなどの Web-GIS（ウェブ公開型地理情報システム）を無料で使用できるようになりました。それによって，デモや集会などの抗議行動の場所，周囲にある施設や交通網，施設，広場などをリアルタイムで把握できるようになりましたし，ストリートビューやルート検索も用いることができるようになっています。

いまや，抗議行動の全体を空間的に描き，当事者同士がまったく意識していないような関係性，たとえば抗議行動同士の関係性，イベント同士の関係性を考察するということも可能になっているのです。とはいえ抗議行動の記述・分析はまだ始めたばかりで，手探りのところも多いので，本章では以下の3つの作業に注力しようと思います。

デモ行進と集会の区別と記述

まず「デモ行進」と「集会」を区別しつつ，抗議行動を記述します。

クラーク・マクファイルによれば，屋内外の集会やデモ行進は，「政治的デモンストレーション」の一種とされます（McPhail 1991）。「政治的デモンストレーション」は，「ギャザリング」（集まり：gathering）と呼ばれる〈2人以上の人が時間・空間的に近接するかたちでの集まり〉の一種で，とくに〈何かに対する抗議か賛意を示すもの〉をさします（図6.3）。

そして政治的デモンストレーションは，外形的に「マーチ」「ラリー」「ヴィジル」「ピケ」「市民的不服従」の5形態に分けられます。

日本でいうところの「デモ行進」をさす「マーチ」（march）は，〈2名以上の隣り合う人びとが同じ速さで同じ方向へ移動すること〉であり，また日本でいう「抗議集会」に近い「ラリー」（rally）は，〈大多数の参加者が1人以上の話し手・演者のまわりに座るか立つかして弧や輪になるもの〉をさすとされま

CHART 図6.3 ギャザリングと政治的デモンストレーション

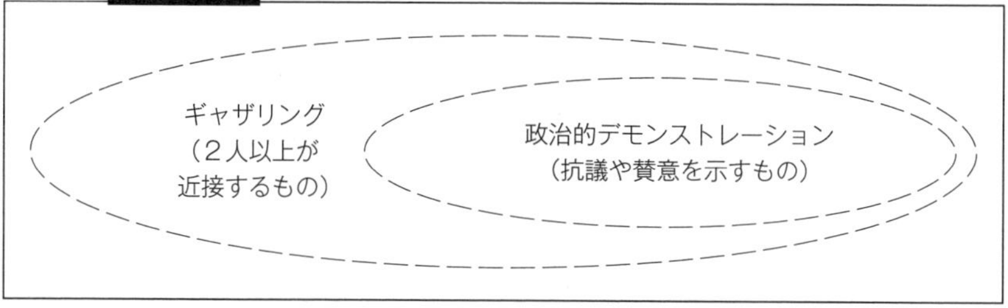

CHART 図6.4 デモ行進と集会

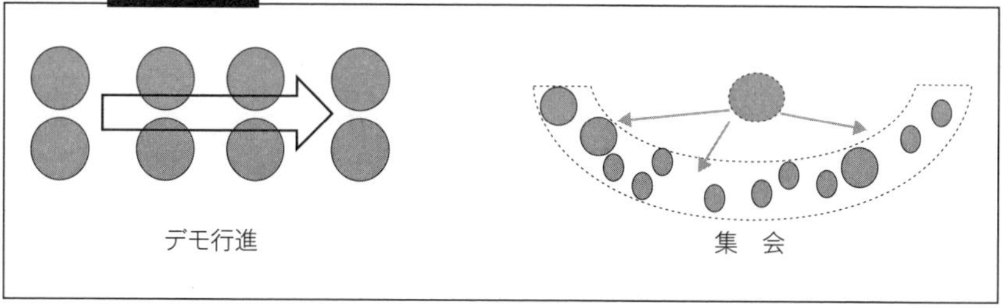

す（図6.4）。

本章では，まず洞爺湖G8サミット時の札幌での抗議行動を事例にして，デモ行進と集会，つまりマーチとラリーの配置を描いてみたいと思います（本章第5節の**5-1**参照）。

デモ行進の合流・方向の記述

次に，デモ行進を，その合流と方向に焦点をあてて記述します。

具体的には，タイムライン等でデモルートを把握し，その展開をGoogle Mapsに矢印等で記述していく作業（始点・終点，合流・分離，ルート変更，できごとなどについてその発生時間とともに書き込み，参加者の規模は矢印の太さで描く）を進めていくことにします。他にも隊列の長さや移動距離，バナー（旗や垂幕）やコール（かけ声）の様態，参加者の服装や持ち物などに関するさまざまな外形的な記述は可能ですが，ここではしません。

そのうえで，移動するデモ行進の特徴として，その合流と方向性に着目したいと思います。

2つのデモの合流は，そこに最低限の合意があるためになされるように思えますし，少なくとも2つのブロックに分かれるなどのすみわけ可能な関係性があることはうかがわせます。もちろん，まったく合意なく，あえて混乱を生み出すために臨機応変的になされることもあるでしょう。

合流には，対等の合流，他方を包摂・吸収するかたちでの合流，一方に従属するかたちでの合流，ブロックに分かれてすみわけつつの合流などがあるでしょう。それぞれのもつ意味やメカニズムは異なると考えられます。ある種の合流には，〈違いを乗り越えるんだ〉といった象徴的な意味合いが込められている場合もあるでしょう。

また抗議目標付近での合流と，それ以外での合流とを区別することもできるでしょう。合流が抗議目標付近でなされる場合に混乱が生じるであろうことは予想できます。他方，途中での合流は，デモ参加者の規模を拡大するためのものとみなせるかもしれません。

もちろん合流元のデモ数もさまざまで，2つが1つに合流することも，3つが1つに合流することもあるでしょう。それぞれのもつインパクトは異なるかもしれません。

次に，デモ行進には必ず方向があります。ある方向に向かい，方向転換をして，別の方向に向かう，といった方向性です。もしデモが抗議目標に近づいていく場合は，デモは抗議の意思を示しているようにみえます。逆に遠ざかる場合には，そのデモは無関係であるか，あるいは目標に向かっているデモに対する，対抗的なデモであるかのようにもうかがわせます。

また始点から終点まで方向がほとんど変化しない場合もあれば，1回以上，方向転換が起こる場合もあります。それはたんなる道路事情による場合もあれば，警察をかく乱するための場合もあるでしょう。警察の前でUターンするときは，警察との衝突を避けての方向転換のようにみえます。また「ジグザグ」しながら周回するデモは，その空間をずっと占拠し続けるためのものにもみえますし，周囲を威嚇するもののようにもみえます。

本章では，大規模なデモ行進が複雑に重なり合ったシアトルWTO抗議行動を事例に，デモ行進について，その合流と方向に焦点をあてて記述します（本章第5節の**5-2**参照）。

集会の成り立ち・変化の記述

最後に，集会を，その成り立ちと変化に焦点をあてて，記述します。

デモ行進の開始地点では，たいていそのデモ行進の意味やテーマを説明する集会や，参加者が自分の主張をアピールするような集会が開かれます。また終着点でも同様に集会がなされるのが一般的です。デモ行進の途中で，集会を挟む場合もあります。

集会ではスピーチがなされ，聴衆は座ったり立ったりして聞きます。集会中に離脱する人も，新たに参加する人も出てきます。いったん集会を離れて，休憩する人もいます。アーティストが音楽を演奏したり，いろいろなイベントが開催されたりすることもあります。そのため，たいていマスコミは撮影するために集会場所で待機をしています。

集会というものを空間的に表現するのは，なかなか難しいことです。もちろん集会が実施される場所，周囲の物理的環境・地形をGoogle Maps上に記述することはできます。しかし，デモ行進と違って，集会はその位置が変わりませんので，動態的な面をどう描けばよいか悩ましいのです。

1つ考えたことは，人びとがその集会に集結し，やがて解散（移動）していくという当たり前の事実です。いくつかの時点をとり，比較することで，誰がどこからどう集まるのか，集会という抗議行動の成り立ちを空間的に描くことはできるのではないかということでした。数時間のあいだに人が移動し，入れ替わる状況を描くことで，集会という抗議行動が維持されつつ変化するという特徴を内部から描こうというわけです。

その際，主催者・団体や関係者に，「主催者発表○○人」や参加者の属性についての印象を聞くのではまったく不十分でしょう。団体構成員や関係者の数はある程度わかるかもしれませんが，何も連絡せずに参加する人は山のようにいますし，たまたま見かけて興味本位で入ってきた人も，地域住民でたまたま居合わせた人なども無視するわけにはいきません。

しかしまた，研究者が直接，観察できる範囲も，集会のごくわずかのことだけです。

そこで思いついたのが，スマートフォン使用者に関するビッグデータ（匿名化され，かつ統計的に推計されたもので行政組織も用いているもの）の活用でした。参加者に限定されたビッグデータなど存在しませんが，「集会」というものは，デモ行進と違って空間的な位置が変わらないので，その空間にいる人びとに関する情報は，ほぼ集会参加者の情報ということになりそうです。詳細なビッグデータを用いることで，全体としてどのようなものか，内部にどういう集団が形成されるか，どのような個人がそこにいるのかなど，リアルタイムの集会の変化も描くことができるかもしれません。

本章では，連日の国会・首相官邸前抗議集会が注目された反安保法制の運動を事例にして，集会の成り立ち・変化を描いていくことにします（本章第5節の**5-3**参照）。

3-2 なぜそうなったのかを説明する

客観的要因か，目的・意図か

さて，抗議行動の実態を描くことは非常に重要ですが，本書第**2**部は，社会運動をめぐる因果関係を説明する研究を紹介するところですので，もう少し先に進む必要があります。

とはいえ，抗議行動自体についての研究はまだ始まったばかりですので手探りのところも多いのです。こういうときは，比較的考えられそうなところから進めていくのが肝要です。

さまざまな社会現象のメカニズムを説明する仕方には，基本的に，少なくとも以下の2つがありそうです。

①**客観的な諸要因から説明する仕方**……たとえば，「大きな広場があったので」集会がそこで発生している，という説明です。

②**個人や集団の目的・意図から説明する仕方**……たとえば，「人びとは抗議しようとして」集会を行っている，という説明です。

どちらも抗議集会が発生した，ということを事実と捉える点では共通していますが，その原因を，大きな広場の存在から説明するか，それとも人びとの目的から説明するか，という点で違いがあるのです。

①は，人間を対象としない自然科学では当たり前の説明の仕方です。星の動きや川の流れを説明するには，重力や地形・地質などを要因とするのが当然で，人間の意思などが入る余地はありません。他方，②は，人間や人間の社会を対象とする社会科学においてなされる説明の仕方です。社会学でも，社会運動論においても中心的です。

抗議行動の場合

とりわけ，1970年代以降，社会学的な社会運動研究では，②の説明，とくに社会運動組織の戦略的な意図から運動現象を説明することが主流になっています（第**4**・**5**章参照）。

しかし，デモ行進や集会などの抗議行動が実際に現地で展開されていく際に，主催者・団体がコントロールできる範囲はごく一部です。すでに述べたように，参加者個々人の思惑と行動はまったくさまざまで自由ですし，「現地」の他者（聴衆や警察など）や物理的・社会的な環境との相互作用のなかでまったく予期していないようなできごとが山のように起こります。

近年の抗議行動中心の運動事例においては特にそうで，主催者・団体は不明確ですし，SNSで呼びかける人・グループも1つではありません。たとえ抗議行動の場所は敵手が存在する場所で，日時も休日の午後と決まっていたとしても，それ以外は自由で，誰もコントロールしないことが多いのです。

それなのに，全体をコントロールする主催者・団体が存在するはずだという非現実的な想定をして，その目的や意図から，②の説明をすることは，不可能ではありませんが，運動の画期的な部分，大事な部分を切り捨ててしまうのではないでしょうか。一部の抗議行動について，その抗議行動の有無はある程度説明できるかもしれませんが，抗議行動がどのように展開していくのかについてはほとんど説明できないように思えるのです。

むしろ，1つひとつのデモ行進や集会などの抗議行動が実際にどう展開していくのかは，敵手の位置，行政機関や議会，裁判所，弁護士事務所や大企業本社の位置，運動側が利用できる広場や施設の位置，そして電車や道路の交通網などなどの物理的な環境に，またその国の法律や地域の条例，警察・機動隊の展開状況，聴衆や地域住民の反応等々の社会的な環境に，大きく左右されるはずなのです。

実際，反WTOや反サミット，反安保法制の運動のように，「敵手」の場所（WTO・サミット開催地や国会）が固定されている場合，つまり抗議の現場，空間が敵手側によって設定されてしまう場合，抗議行動は，主催者の意図以前に，否応なく抗議対象＝敵手の周囲の物理的・社会的環境に大きく影響を受けざるをえません。

こうしたことを考慮すると，①の説明，つまり抗議行動が展開される場所とその環境・他者・敵手の状況をしっかり考察することから，抗議行動の具体的な展開について，一定の説明ができるのではないか，私はそう思ったのでした。

4 観察・資料・ビッグデータ

札幌での抗議行動とその環境

本章では，抗議行動中心の運動を事例にして，抗議行動の配置やデモのルート，集会の成り立ちを記述し，物理的・社会的環境との因果的な関係性について考察することを研究課題としています。ここではそのためのデータをどう集めたのか説明します。

まず，洞爺湖 G8 サミット時に札幌で展開されたさまざまな抗議行動については，現地調査を 2008 年 7 月 1 ～ 10 日に，札幌を拠点に行いました（データ①）。札幌大通り公園での集会や合同デモ，市民サミット，キャンプ，洞爺湖近辺の豊浦キャンプなどに参加しました。

それ以外に 2007 年から洞爺湖 G8 サミットに向けたさまざまな NGO 連携の調査を行い，運動ネットワークのウェブサイトの分析を行ったり，G8 関連シンポジウム，準備会，総括会（大阪）を参与観察したりもしていました。

また，サミット後に各報告会の調査も行いました。すなわち，市民フォーラム北海道報告会（札幌 2008 年 10 月 4 日），G8 サミットを問う連絡会報告会（東京 8 月 24 日），G8 サミット NGO フォーラム報告会（東京・大阪 10 月 11 日），キャンプ参加報告会（大阪 7 月 15 日），オルタメディア報告会（京都 9 月 13～15 日）です。また，2010 年 1 月に札幌キャンプ実行委員会のメンバーにも聞き取りを行いました。

並行して，『朝日新聞』の記事データベース（聞蔵Ⅱヴィジュアル）を用いて東京 G7 サミット（1979 年・1986 年・1993 年），2000 年九州・沖縄 G8 サミット，および 2008 年北海道・洞爺湖 G8 サミットをめぐるプロテストの争点・アクター・抗議行動の分析も行いました。具体的には，各サミットの前年から翌年までの記事について「サミット」というキーワードで検索を行い，サミット・プロテストに関する記事を選び出したうえで，プロテストの争点・アクター・抗議行動を網羅的に整理していきました（第 **3** 章も参照）。

CHART 図6.5 閣僚会合週タイムライン

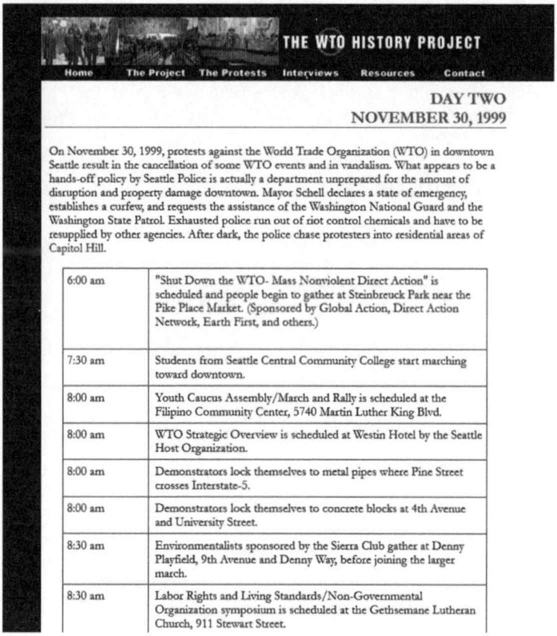

THE WTO HISTORY PROJECT

Home The Project The Protests Interviews Resources Contact

DAY TWO
NOVEMBER 30, 1999

On November 30, 1999, protests against the World Trade Organization (WTO) in downtown Seattle result in the cancellation of some WTO events and in vandalism. What appears to be a hands-off policy by Seattle Police is actually a department unprepared for the amount of disruption and property damage downtown. Mayor Schell declares a state of emergency, establishes a curfew, and requests the assistance of the Washington National Guard and the Washington State Patrol. Exhausted police run out of riot control chemicals and have to be resupplied by other agencies. After dark, the police chase protesters into residential areas of Capitol Hill.

6:00 am	"Shut Down the WTO- Mass Nonviolent Direct Action" is scheduled and people begin to gather at Steinbreuck Park near the Pike Place Market. (Sponsored by Global Action, Direct Action Network, Earth First, and others.)
7:30 am	Students from Seattle Central Community College start marching toward downtown.
8:00 am	Youth Caucus Assembly/March and Rally is scheduled at the Filipino Community Center, 5740 Martin Luther King Blvd.
8:00 am	WTO Strategic Overview is scheduled at Westin Hotel by the Seattle Host Organization.
8:00 am	Demonstrators lock themselves to metal pipes where Pine Street crosses Interstate-5.
8:00 am	Demonstrators lock themselves to concrete blocks at 4th Avenue and University Street.
8:30 am	Environmentalists sponsored by the Sierra Club gather at Denny Playfield, 9th Avenue and Denny Way, before joining the larger march.
8:30 am	Labor Rights and Living Standards/Non-Governmental Organization symposium is scheduled at the Gethsemane Lutheran Church, 911 Stewart Street.

これらのデータをもとにして，抗議行動の配置を描いていきます。

シアトルでの抗議行動とその環境

次に，シアトルWTO抗議行動に関するデータです。1999年のことで，現地調査はできていませんが，世界的に注目を集めた事例ですので，ワシントン大学が「WTO History Project」（http://depts.washington.edu/wtohist/index.htm）として現在も詳細なデータを保管・公開しています（データ②）。

たとえば1999年2月から2000年半ばまでの間に発生したできごとがファイルに時系列的に収集されており，実際に発生した抗議行動を描いた「動員イベントタイムライン」（日時，名称，主催，詳細，場所を整理したExcelファイル）と「閣僚会合週タイムライン」（11月29日～12月3日のできごとを時系列に並べたリスト：図6.5）から構成されています。

これらがあると，デモ行進の動きをかなり正確に，Google Maps上に記述することができるはずです。とくに最大のデモ行進がなされた11月30日に注目します。

国会前での抗議行動とその環境

最後に，反安保法制の抗議行動に関するデータです。有名な事例ですので，さまざまな文献や参加者のSNS上の記録などが残っています。それに加えてビッグデータを活用しました。とくに最大の集会がなされた2015年8月30日の国会議事堂前のデータに注目します。

用いるのは，携帯電話・スマートフォンの契約者のデータ，ドコモ・インサイトマーケティング社の「モバイル空間統計」です（データ③）。500m（東京23区では250m）四方の「メッシュ」（エリア）について1時間ごとの人口とその性別（男女），年代（10歳刻み：18歳以上），居住地を推計することが可能です。

ここでは当然，国会前をできるだけカバーしているメッシュを選択しました。ちなみに国会前は，休日は観光客以外はほとんど人が居住していないエリアですので，集会参加者を捉えやすいです。

Twitter や FaceBook などの SNS のビッグデータは完全に個人と結びついていますので，事前に同意を求めるようになっていますが，このモバイル空間統計は，完全に匿名化され，人口全体に拡大推計されたもので，個人とは紐づいていません。あくまでも統計的な推計で，全国の行政組織なども用いているものです。一部のデータはすでに RESAS（地域経済分析システム：https://resas.go.jp/）として公開されていて，誰でも利用ができるようになっています。

図6.6は国会前エリアに関する Google Maps ですが，長方形の太枠部分が主たる抗議スペースで，全体の約半分を覆う濃いアミのかかった四角（メッシュ）が，今回のビッグデータの対象範囲です。もともとのデータの特性上，メッシュはわずかに北側になっていて，国会議事堂の南西に位置する官邸前も含むことはできていません。そのため人数は国会前〜官邸前を捉えた主催者発表よりも少なくなり，国会前だけを対象とした警察発表と近くなるはずです。このようなビッグデータをもとに，集会の成り立ちと変化を記述していきます。

データ収集の難度

データ①とデータ②は，学術書（濱西 2016）と学術論文（濱西 2018）として

CHART 図6.6 データ範囲と物理的環境

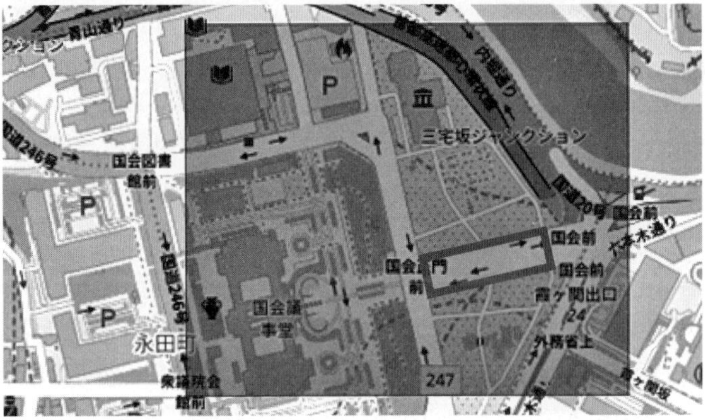

公刊されていますし，収集されるデータも特殊なものではありません。

他方，データ③のビッグデータは，高額な取得費用を考えれば，学部生が個人で手に入れることは困難です。そもそも，法人単位での契約しか認めていない場合も多いです。

逆に，もし大学全体，研究室全体で使用できる契約になっていれば，学部生でもそのデータを使用できます（たとえば濱西研究室のように）。授業で用いることも可能ですので，近い将来，いろいろな大学で使用できるようになるかもしれません。

5 抗議行動の記述と説明

5-1 抗議行動の配置：札幌の事例

まず，洞爺湖 G8 サミットをめぐる抗議行動に関するデータ①をもとにして，抗議行動の配置を描いていこうと思います。

データをもとに，抗議行動を札幌中心部の Google Maps 上にマッピングしたのが図6.7です。図中の「○」は「集会」の場所をさしています。たとえば大学（北海道大学や北海学園大学），公共施設（東区民センター，北農健保会館，道民活動センター，教育文化会館，市民活動スペース，札幌コンベンションセンター），

CHART　図 6.7　札幌での抗議行動の分布

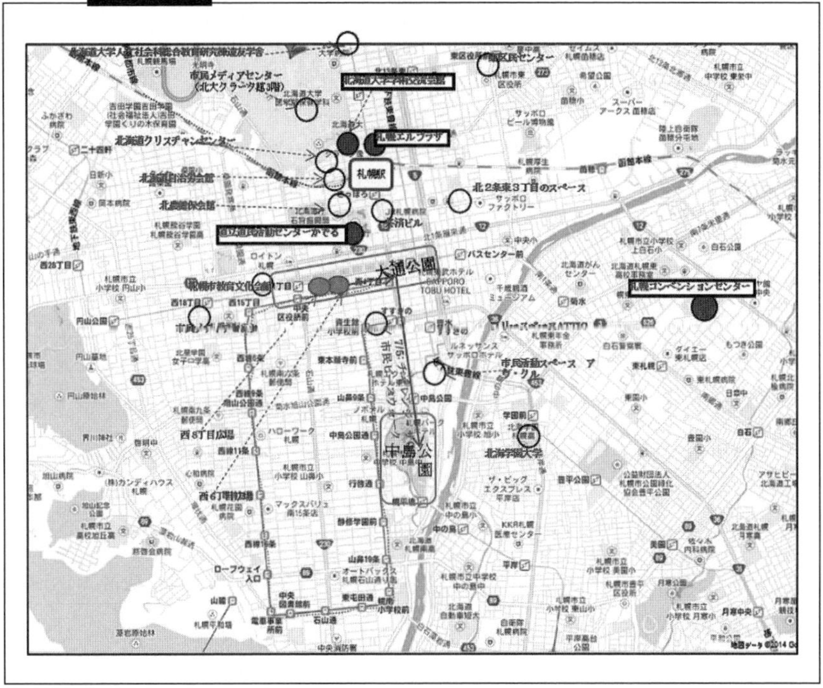

労働・協同組合関係施設（札幌エルプラザ，自治労会館，共済ビル），宗教関係施設（クリスチャンセンター）などが会場になっています。

名称が四角く囲まれているものは，「市民サミット」（7 月 6〜8 日，札幌コンベンションセンター）など，とくに連日数多くのイベントが開催された場所を表しています（各地での開催イベントのより詳細な説明は，濱西〔2016〕をご覧ください）。

また，大通公園から中島公園につながる実線の矢印が 1 カ所ありますが，それは，集会（大通り西 8 丁目広場）のあとに開始された大規模デモ行進「チャレンジ・ザ G8 サミット 1 万人のピース・ウォーク」をさしています。他にも小さなデモが大通公園付近で数多くなされていました。

抗議行動の配置をマッピングしただけですが，ここからわかることは，まず札幌駅周辺でほとんどの集会やデモ行進がなされていること，またデモ行進も札幌中心の大通公園を中心に実施されているということです。駅近隣には，ホテルや多くのオフィスビルや会議室，公共的な施設も数多くあり，かつ交通機関を利用しやすいことがあるのかもしれません。札幌コンベンションセンターなど周辺にある会場も，地下鉄駅が利用できるような位置になっています。

なぜそのようになったのでしょうか。洞爺湖近辺ではなく札幌で多くの抗議行動を起こすことを，誰かが代表して決めたわけではありません。〈抗議対象であるサミット開催地（洞爺湖近辺のポロモイ山頂にあるホテル）が隔離されているために，またたとえ洞爺湖近辺で抗議行動がなされる場合でも道外からの参加者の多くが札幌を経由することになるために，北海道最大の都市である札幌で抗議行動がなされるだろう〉と皆が予想したために，実際にそのようになったわけです。

そして，札幌での抗議行動が札幌駅中心に配置されていったことも，誰かが代表して決めたわけではありません。できるだけ人びとが集まりやすいように，それぞれが札幌内で場所を探した結果，スペースが多い札幌駅近辺や，公共交通網を利用可能な場所での開催がスタンダードになったのです。

ここでみたのはデモ行進や集会の配置に物理的な環境が与える影響だけですが，以下でみるように，さらに1つひとつのデモ行進や集会の具体的な展開にも環境は影響を与えていきます。

5-2 デモ行進の合流・方向性

シアトルの事例

次に，デモ行進の具体的な展開を，とくに合流と方向性に焦点をあてて描いていきます。取り上げる事例は，大規模なデモ行進が複雑に重なり合ったシアトルWTO抗議行動，とくに1999年11月30日のデモ行進です（データ②)。

11月30日は，WTO総会開始日にあたり，もっとも激しい抗議行動，大規模なデモが実施されました。まず学生のデモ行進です。朝9時よりシアトル大学からシアトル・セントラル・コミュニティ大学（以下，SCCC）へ向けて学生団体主催のデモが実施されました。また同じ頃から，シアトル北部のワシントン大学で数千人の学生集会が開始され，9時半にはワシントン大学からSCCCへ向けてデモが開始されます。そしてシアトル大学とワシントン大学，SCCCの学生が合同で集会を行い，10時半より一緒にメモリアル・スタジアムまでデモ行進を行ったのです。

また環境保護を訴える人たちも，朝8時半からデニー運動場で集会を行い，その後，やはりメモリアル・スタジアムまでデモ行進を行いました。

メモリアル・スタジアムでは，10時から労働組合のメンバーとその支援者2万5000人が集まって，集会を開始しました。そこに学生のデモと環境保護のデモが合流し，12時半から全体で，南東のシアトル中心部（ダウンタウン）に向けて大規模なデモ行進を開始したのです。デモは12時50分に中心部のウェストレイク公園に到着しています。

他方，南東から中心部に向かうデモもありました。朝8時より南部のフィリピンコミュニティセンターで学生たちの集会がなされ，その後，10時から北西に向かってデモが開始されていきました。デモ行進は国際地区まで進み，11時から同地区で集会がなされます。その後，さらにデモ行進は北上してダウンタウンにいたったのでした。

その結果，南下する労働デモと重なり合い，3万5000人ほどが中心市街を埋め尽くすことになりました。以上の流れを示したのが図6.8です。

シアトルでは，デモ行進につながらないたんなる集会はごくわずかしか実施されていません。ただ，デモ行進の開始地点では通常，集会がなされますので，そこに注目してみると，大学，運動場，スタジアム，コミュニティセンター，国際地区の広場などで集会が実施されていることがわかります。ただ，いずれも都市のやや郊外に位置しています。

なぜそうなっているのでしょうか。札幌のときと違って，シアトルのダウンタウン自体がWTO閣僚会合の開催地ですので，中心部での大規模集会が実施しにくかったのかもしれません。それでも集会の場は，いずれも交通の便のよい地域にあるといってよいので，この点は札幌での集会の場所と似ています。

デモ行進の合流・方向とその物理的環境

デモ行進の合流地点に注目すると，まず2つの大学からのデモがSCCCで合流し，学生デモと環境保護のデモがスタジアムで合流しています。いずれの場合も大学（SCCC）やスタジアム，公園が合流の場所として活用されていることがわかります。また，スタジアムとフィリピンコミュニティセンターからのデモが，抗議対象であるWTO会場付近で合流していることもわかります。

CHART 図6.8 シアトルWTOをめぐるデモ行進(11月30日)のルートとその環境

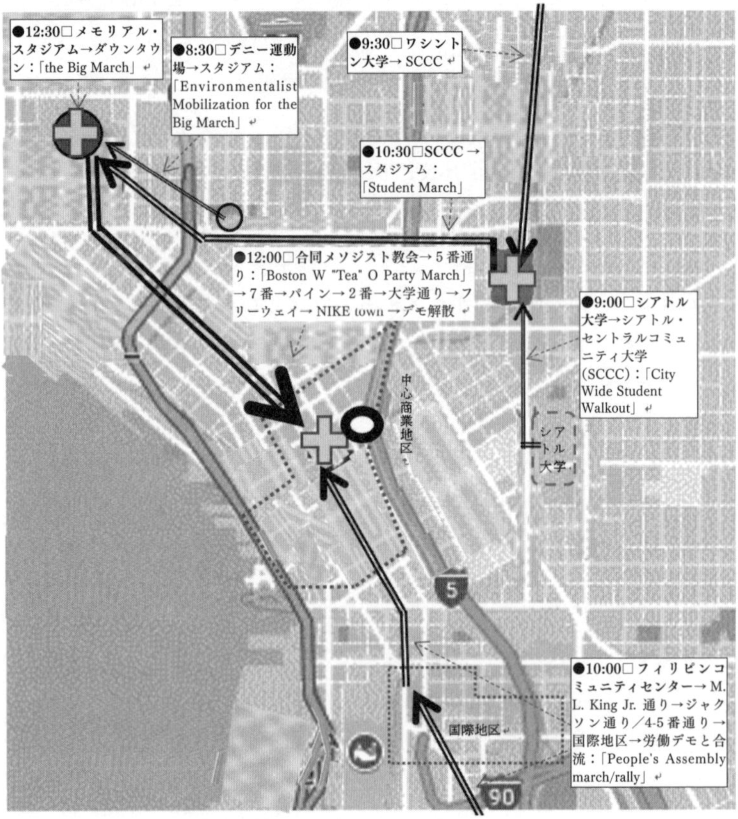

（注） 線の太さはおおよその参加者数の違いを，時刻は開始時間を指す。「＋」マークはデモの合流点を，太枠の丸はWTO会場を示す。

次に，デモ行進の方向性に注目してみましょう。北部からのデモは，遠回りするような形で大学から大学へ，大学からスタジアムへ，運動場からスタジアムへとなされ，その後，一気に南下していることがわかります。他方，南部からはまた別のデモが北上していますから，その結果，2つの大規模なデモが，抗議対象のWTO会場を挟み込むかたちになったわけです。

なぜデモ行進はこのようなかたちで合流し，方向を定めていくのでしょうか。地理を確認しておきますと，WTO会場が中心部のダウンタウンに存在し，東北部に大学街，西北部に教会・公園・スタジアム，南部に国際街・移民街とレセプション会場が位置しました。要人は中心商業地区のシェラトンホテルやウェスティンホテルに滞在しています。そしてデモの開始地点は，郊外の教会，大学，コミュニティセンター，公園，スタジアム，運動場になっています。そして，ダウンタウン西側の海と東側の第5州間高速道路は否応なくデモルートを制約します。その結果，実際，デモはそのあいだで，およそ南北になされることになるのでした。

つまり，デモ行進の具体的な展開は，その物理的な環境によって制約を受けているわけです。郊外で多くの合流が可能だったのはそこに大学やスタジアムが位置していたからで，大きな道路の交差点，大きな広場や公園，スタジアム，象徴的な建物の存在はそのような合流のポイントになりやすいのです。また2つのデモ行進がWTO会場を挟み込む方向になったのは，西側に海，東側に高速道路が存在したからであり，海や川，山，湖，池などの地形や，長大な建築物，高速道路や列車線路などの大規模建造物の存在はデモルートを方向的に限定するのです。

ただし，まだまだ少ない事例だけですので，ここでは，物理的な環境がデモ行進の展開に作用しうる可能性を指摘するにとどめたいと思います。

5-3 集会への集結

国会前抗議行動の事例

最後に，集会の具体的な展開を，とくに人々の集結のありように焦点をあてて描いていきたいと思います。取り上げる事例は，国会・官邸前抗議集会が注目された反安保法制の運動，とくに最大の集会がなされた2015年8月30日の事例です（データ③）。

ここでは，集会というものの成り立ちと変化を描くことが目的になります。そこで，集会の場にいた人びと全体を捉えるために，ビッグデータを使用した推計を行い，人びとの変化を捉え，全体としてどのようなものか，誰がどこからどう集まるのかを検討しました。

メッシュ人口の変化

まず2015年8月30日（日）について，13時，15時，18時のメッシュ人口

CHART 図6.9 2015年8月30日午後のメッシュ人口

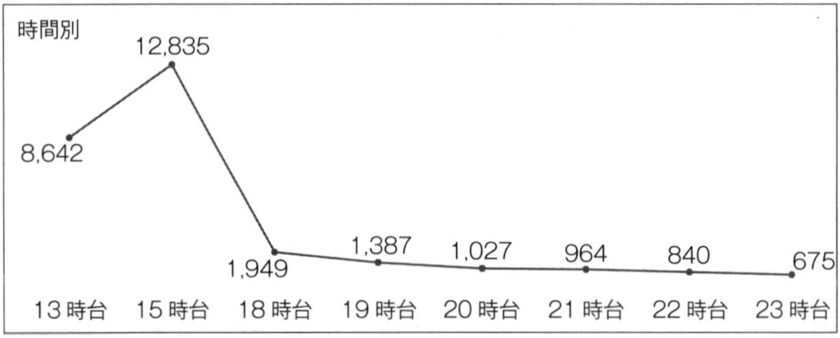

（出所） ©2018 DOCOMO InsightMarketing, INC. All Rights Reserved.

（図6.9）からその「差分」の推計を出しました。「差分」とは何も集会がなかった日（2014年7月12日〔日〕）の人口を差し引いたものです。あくまでも推計にすぎませんが，13時6078人から15時1万309人へと増加し，18時には113人へ激減しています。

第2節で紹介した『朝日新聞』記事では，「主催者発表によると，参加者は12万人」「警察関係者によると，国会周辺だけで参加者は約3万3千人」ということでした。13時から18時にかけて滞在した人たちの数は，合計すればおそらく延べでその程度の数になるはずです（この場合は，差分ではなく，実際の人数でよいです）。

留保するとすれば，このデータには官邸前を含むことができず，メッシュ人口の推計値が少なめに出た可能性があります。今後もう少しメッシュを広げて検討する必要があるでしょう。また13時以前についても動向が気になります。

国会前の物理的環境

図6.10の左側は国会前エリアに関するGoogle Maps上に，憲政記念館，観光バス専用の駐車場，駅を書き入れたものです。「○」は地下鉄駅をさしていて，右下に桜田門駅，左下に霞ヶ関駅，左上に国会議事堂前駅と右上に永田町駅があります。

それらのことは，図6.10の右側の「チラシ」にも明示されていますし，ほかにも，トイレの位置，国会図書館，ベンチ，水飲み場，自動販売機，休憩所，庭園などの位置が詳しく書き込まれています。

CHART 図6.10　抗議行動の物理的環境と，配布されたチラシ

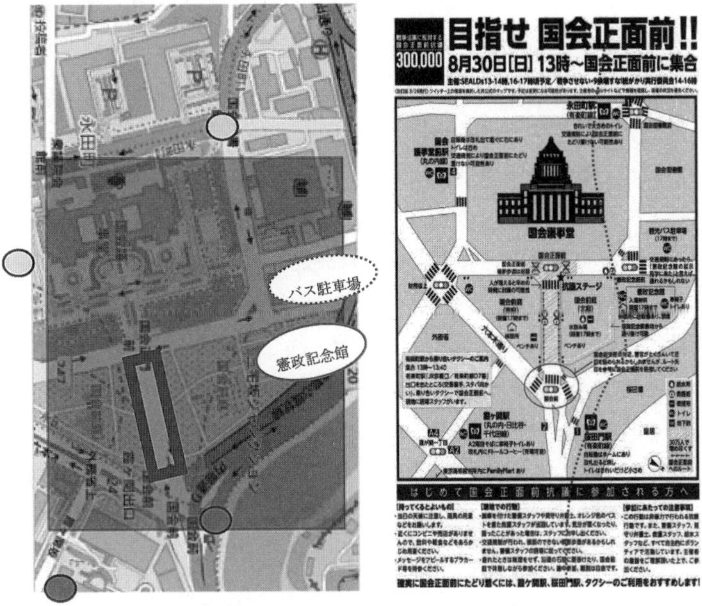

国会前で抗議集会が開催されたのは，もちろん国会議事堂があるからですが，全国から人が集まれるほど広く，かつ交通網もトイレなどのインフラも整備されたエリアでもあったのです。地域住民が少なく，抗議集会を行いやすいこともあるかもしれません。

6 課題や限界，注意点，悩み

本章では，反WTOと反サミット，反安保法制の運動を事例に，抗議行動の配置とその具体的な展開（デモ行進の合流・方向性，および集会の成り立ちと変化）を描いてきました。また物理的環境の影響についても検討を行ってきました。

このような研究には，方法論的に特有の課題や限界，苦労もあります。

課題：まだまだこれから

まずもって記述も説明もまだ手探りですし，ごく一部の抗議行動を描けてい

るにすぎません。シアトルWTO抗議行動ほど詳細にタイムラインが公開されている事例はありません。自分でタイムラインを構築する必要性もあるのですが，それには現地で自ら観察をして，ウェブ上のさまざまな行動予定などを網羅的に集めることが必要になります。

今後，もっと数多くの事例を記述し，歴史的・国際的な比較を行っていく必要もあります。そのために海外の研究者との連携も必要になりますし，社会学者だけでなく，地理学者，歴史学者，政治学者，人類学者，心理学者，法学者，さらに都市計画や建築学，情報学や工学の理系研究者と連携することも考えています。

第3節で政治的デモンストレーションを「ギャザリング」（集まり）の一部に位置づけました（**3-1**）。しかし，ギャザリングをともなわないような，一部の裁判活動やロビー活動，またウェブ上の署名やSNS上での批判や糾弾，賛成も，また選挙のボイコット，与党候補者批判で野党候補者に投票する行動などなどは，はたして抗議行動と呼びうるのかどうか，それらをどう記述するのか，私にはまだまったく想像もつきません。ロビー活動については，最近，研究書ではないものの，少し本も出てきていますが（明智 2015; 別所 2017）。

注意点①：抗議行動を詳細に描いてしまうこと

抗議行動を詳細に描こうとする場合，ナイショにしておくべきことをバラしてしまう危険性について，どうしても意識せざるをえません。デモ行進の開始点や方向，合流地点に一定の傾向があるとわかれば，たとえばデモ行進を邪魔したい人たちは先回りして広場やスタジアムの使用を禁止してしまうかもしれません。

もちろん，研究は事実（真実）を明らかにするためのものです。社会運動研究者はこれまでもある社会運動のベースにどのような「不満」があるかを明らかにし，ある社会運動の形成・発展・衰退をもたらす運動の組織構造や「資源」，戦略を明らかにしてきました。それらは，運動の当事者にとっては，不都合なことでもあるかもしれません。ただそのような研究によって，運動側も，「不満」のメカニズムや組織・資源の重要性を知ることができたわけです。運動の発展にもつながっているかもしれません。

同じように，シアトルWTO抗議行動のように「成功」したといわれる事例を詳細に学ぶことで，真逆の方向から挟み込むデモの重要性がわかるでしょう。集結の場を郊外にして，またデモの合流点を増やすことで，だんだんと大きくなるような勢いをつけることができることもわかるでしょう。何より，欧米での事例を知ることで，日本におけるデモや集会を規制する法律・条例の問題も浮かび上がってくるのだと思います。

第1節の「禁断のテーマか」のところでも述べたように，デモや集会は民主主義社会にとって，選挙とまったく同じ程度に必要なこと，奨励されてよいことです。それゆえ抗議行動についてしっかりと学び，「謎」でなくしていくためにも，しっかりと研究はなされるべきだと思います。

そうはいっても，抗議行動はときに，法律・条例を超える動きをする場合がありますから，研究倫理と自分の良心に照らして十分な配慮は必要です。当事者になんらかの被害を与えかねないような場合には，あえて描かないという選択もすべきだと思います。とくに抗議行動が現在進行中の場合は描かないこと，できるだけ過去の事例を描くようにすること，研究上必要な描写にとどめること，個人の特定はもちろん，集団・団体の特定も避けることなどは，本章のような研究が社会から理解を得るうえで，とても大事な注意点だと思います。

注意点②：ビッグデータを用いること

ビッグデータにはいろいろな種類がありますが，Twitter や Facebook などの SNS のデータの場合，完全に個人を把握するものになりますので，事前に利用者の同意が必要で，それなくして利用はできません。『ビット・バイ・ビット』(Salganik 2018=2019) という本に，Twitter のビッグデータを用いて，トルコのゲジ公園を占拠する抗議行動を分析した事例が掲載されています。

ただし，同意があっても，まさか抗議行動の分析に活用されるとは利用者は思っていないかもしれません。難しい問題があります。SNS の利用データは個人の特定に用いることができますので，もし警察が「犯罪」「犯罪予防」と関連づけて運営会社に要請すれば，超特例処置として個人情報は提供されてしまいます（少し前に大問題になりました）。警察からすれば魅力的で，すでに活用されている可能性もあります。もし私たち研究者がしなくても，政府（警察）

が同じデータをより詳細に手に入れることで監視・弾圧・抑圧に利用してしまうかもしれません。

他方，「モバイル空間統計」は，スマートフォン自体の利用データを，「通信の秘密」を守りつつ，最初から匿名化して統計的な推計のみを提供する世界的にもめずらしいサービスです（岡島ほか 2012; 寺田ほか 2012）。行政も，地域活性化イベントの来場者数把握や災害時の避難状況の把握にモバイル空間統計データを使用していますし，一部データはRESASなどで公開され，誰でも利用できるようになっています。

ただ，モバイル空間統計を活用した社会運動研究はまだ存在していません。前例がないため，本章を執筆するにあたって，何をどこまで書くか，私は迷いました。最終的に，まだ年齢や性別，居住地などの記述はせず，人数だけにとどめることにしました。今後，議論が深まれば，さらにデータを慎重に分析していくつもりです。

限界：組織的説明，意義の解釈

最後に，本章の研究は，抗議行動を記述したうえでその環境（とくに物理的環境）との空間的関係を説明しようとするもので，組織論的な説明に寄与するところはあまりありません。社会運動組織からの説明は第**4**・**5**章が行っていますが，社会運動の定義，抗議行動の位置づけなどが異なりますし，おそらくパラダイムが異なるので，接続することは難しそうです。

また，本章は，因果関係を説明しようとするものですから，ある抗議行動の意義や当事者にとっての意味を解釈する研究にも寄与しません。デモや集会の当事者にとっての意味，現代社会的・歴史的な意義に研究関心をもつ読者には，第**1**部の各章が参考になるはずです。

EXERCISE ●課題

1 【その場で考えられる問題】テレビで，デモ行進や集会が報道されるとき，どういった場面が多いか考えてみよう。

2 【調べたり読んだりしないとわからない問題】Googleで「デモ，地図」で画像検索をしてみよう。「demo, map」で海外の画像を検索してもよい。

3 【調べたり読んだりしないとわからない問題】「日本全国デモ情報」(http://maga9.jp/demoinfo/),「IWJ 全国デモ・抗議行動情報」(http://iwj.co.jp/feature/demo/) などのサイトで身近に発生するデモ行進や集会を探してみよう。チャンスがあれば,自分で実際に抗議行動を観察してみよう。

4 【応用問題】本章で取り上げた3つの抗議行動事例を,組織戦略で説明するとどうなるだろうか。(ヒント:第2部の第4・5章)

5 【応用問題】もし3つの抗議行動が参加者にとってもつ意味に関心があれば,どういうデータを集めればよいだろうか。(ヒント:第1部の第2章)

参考文献 Reference

明智カイト,2015,『誰でもできるロビイング入門——社会を変える技術』光文社。

別所直哉,2017,『ビジネスパーソンのための法律を変える教科書』ディスカヴァー・トゥエンティワン。

della Porta, D., M. Andreto, L. Mosca and H. Reiter, 2006, *Globalization from Below: Transnational Activists and Protest Networks*, University of Minnesota Press.

Graeber, D., 2009, *Direct Action: An Ethnography*, AK Press.

濱西栄司,2016,『トゥレーヌ社会学と新しい社会運動理論』新泉社。

———,2018,「政治的デモンストレーションの展開とその環境——1999年シアトルWTOと2009年ピッツバーグG20を事例に」『フォーラム現代社会学』17: 5-18。

McPhail, C., 1991, *The Myth of the Madding Crowd*, Aldine de Gruyter.

岡島一郎・田中聡・寺田雅之・池田大造・永田智大,2012,「携帯電話ネットワークからの統計情報を活用した社会・産業の発展支援——モバイル空間統計の概要」『NTT DoCoMo テクニカル・ジャーナル』20 (3): 6-10。

Salganik, M. J., 2018, *Bit by Bit: Social Research in the Digital Age*, Princeton University Press.(= 2019,瀧川裕貴・常松淳・阪本拓人・大林真也訳,『ビット・バイ・ビット——デジタル社会調査入門』有斐閣)

寺田雅之・永田智大・岩澤俊弥・小林基成,2012,「モバイル空間統計における人口推計技術」『NTT DoCoMo テクニカル・ジャーナル』20 (3): 11-16。

ブックガイド

■第 1 章

○小熊英二・上野陽子『〈癒し〉のナショナリズム――草の根保守運動の実証研究』慶應義塾大学出版会，2003 年。

草の根保守運動を初めて学術的に取り上げた書籍。本書第 1 章のような，「この運動は何なのか」という観点から，1990 年代に結成された「新しい歴史教科書をつくる会」を分析している。上野が同会で実施したフィールドワークの記述は，これから調査を行う場合に参考になり，活動風景や参加者たちの様子などが浮かび上がってくる。

○樋口直人『日本型排外主義――在特会・外国人参政権・東アジア地政学』名古屋大学出版会，2014 年。

2000 年代に登場したインターネット発の「行動する保守」運動を取り上げた書籍。本書第 4 章のような，「なぜ，どのように運動が形成されていくのか」という観点から研究されている。因果関係に着目する研究の強みやおもしろさがよく示されている。

○北原みのり・朴順梨『奥さまは愛国』河出書房新社，2014 年。

ヘイト・スピーチをする「行動する保守」運動のなかでも女性参加者に焦点をあてた書籍。学術図書ではなくルポルタージュなので読みやすい。女性参加者の活動に対する著者らの鋭い感性が光り，多くの刺激的な示唆が得られる。2020 年に文庫化。

■第 2 章

○パトリシア・スタインホフ『死へのイデオロギー――日本赤軍派』（木村由美子訳）岩波現代文庫，2003 年。

1972 年に連合赤軍事件（同志粛清殺人事件，あさま山荘立てこもり事件）を起こした新左翼の党派を，メンバーへの聞き取りなどをもとに分析。思想やイデオロギーがもつ力に着目して，若者たちの政治運動から殺人や銃撃戦といった凄惨な暴力が生まれたプロセスを，当事者の目線から解き明かすことに成功している。初版は 1991 年刊。図書館などで参照可能。

○大野光明『沖縄闘争の時代1960／70——分断を乗り越える思想と実践』人文書院，2014年。

1960年代後半～1970年代前半に日米政府の沖縄返還政策を批判して巻き起こった沖縄闘争に関する1冊。描かれているのは，米軍基地つきの沖縄返還を沖縄だけの問題ではないと受けとめ，行動した，多様な人びとの実践である。沖縄問題をめぐる現在の社会運動とのつながりが意識されており，歴史的社会運動に対する本書第2章とは異なる向き合い方が学べる。

○色川大吉『明治精神史』（上・下）岩波現代文庫，2008年。

明治維新～20世紀初頭に，個々の人びとによってどのように日本の近代化と民主化が模索されたかを論じた歴史学的研究。とくに，明治初期に東京・多摩地方で自由民権運動を展開した，ほぼ無名の青年たちの人生を追った第1部は，参加者の生き方をとおして過去の社会運動を共感的に理解することが可能だと教えてくれる。初版は1964年刊。図書館などで参照可能。

■第3章

○杉山光信『アラン・トゥレーヌ——現代社会のゆくえと新しい社会運動』東信堂，2000年。

日本を代表するフランス社会学の専門家による初学者向けテキスト。わかりやすく，安価。トゥレーヌの長い研究業績全体を射程におき，かつトゥレーヌの弟子たちの業績にもふれている。同時代のフランスの状況と照らし合わせて，トゥレーヌの考えを理解することの重要性を強調している。

○濱西栄司『トゥレーヌ社会学と新しい社会運動理論』新泉社，2016年。

トゥレーヌ理論を，弟子の研究も含めて一貫した歴史的行為論として再構成し，「脱産業社会」論や「新しい社会運動」論，文化運動論，経験運動論を位置づけなおす。さらに社会運動研究全体をみわたしつつ，トゥレーヌ理論を修正・発展させた解釈理論と，動員論とは異なる説明理論を提示し，日本開催サミットや海外の事例を分析している。

○野宮大志郎・西城戸誠編『サミット・プロテスト——グローバル化時代の社会運動』新泉社，2016年。

洞爺湖G8サミットをめぐる抗議活動に関する学術的な調査研究プロジェクトの成果である。サミット・プロテストを「1つ」の運動組織と（少なくともいきなりは）捉えず，多角的な分析に取り組んでいる。意義の解釈に取り組む研究と，因果関係の説明に取り組む研究の両方が含まれている点で貴重。

■第４章

○橋口昌治『若者の労働運動——「働かせろ」と「働かないぞ」の社会学』生活書院，2011 年。

雇用の流動化と労働の個人化によって労働から疎外される，若者たちが担い手となる労働運動の事例を丹念なフィールドワークによって追った１冊。「個人」や「集団」がどのように運動にかかわり，どのように多様な属性や立場の人びとが集合性を共有する葛藤をかかえながらも共同性を生み出し，居場所をつくっていくのかが描かれる。図書館などで参照可能。

○小谷幸『個人加盟ユニオンの社会学——「東京管理職ユニオン」と「女性ユニオン東京」(1993 年～ 2002 年)』御茶の水書房，2013 年。

個人加盟ユニオンの運動事例を「新しい労働運動」として位置づけた先駆的研究。その新しさについて，組合における社会的機能の多様性（組合員の意識変容機能，他の組織との連携機能など）という視点に着目する。質問紙調査によるユニオン間比較分析のしかたやジェンダー視角の導入のしかたが参考になる。

○中根多恵『多国籍ユニオニズムの動員構造と戦略分析』東信堂，2018 年。

本書第４章のもとになった研究書で，労働のグローバル化の結果として生み出された多国籍な労働運動を取り上げた１冊。外国人語学学校講師たちのユニークな事例が特徴的である。また，運動組織の存続を説明するために，社会運動論的視角からの分析にいどみ，労働社会学と社会運動研究の接合をめざした点に特色がある。

■第５章

○西城戸誠『抗いの条件——社会運動の文化的アプローチ』人文書院，2008 年。

社会運動の発生や活発化や沈静化の規定要因を説明する１冊。環境運動に参加し続けた団体と参加しなかった団体とを比較し，対応が分かれた要因を明快に説明している。人びとの不満の形成基盤や，集合的アイデンティティの生成過程，抗議活動の生起にかかわる認知的基盤に着目した分析が進められており，運動の担い手の再生産過程にも分析が及ぶ。

○安藤丈将『脱原発の運動史——チェルノブイリ，福島，そしてこれから』岩波書店，2019 年。

チェルノブイリ原発事故以降こんにちに至るまでの日本における脱原発運動の把握に取り組んだ１冊。運動の意義や意味の解釈と展開過程の規定要因の説明との双方を行う。とくに，脱原発運動が国政に参入できなかったことについては，政治的機会構造論的な観点から要因を指摘すると同時に，「民主主義」をキーワードに意味を解釈している。

○青木聡子『ドイツにおける原子力施設反対運動の展開――環境志向型社会へのイニシアティヴ』ミネルヴァ書房，2013年。

ドイツの脱原発運動，とくに立地点周辺での抗議運動について，展開過程の規定要因や影響を論じた1冊。動員論的な観点から，運動の担い手および参加者の集合行為フレームや，その形成に影響を与えたローカル・ナショナルな記憶や「ものがたり」の分析を行う。第5・6章は，本書で取り上げた調査・分析の結果をもとに構成されている。

■第6章

○明智カイト『誰でもできるロビイング入門――社会を変える技術』光文社新書，2015年。

弱者やマイノリティを守るために政治に働きかける「草の根ロビイング」のルールやテクニックについて実践者がわかりやすく説明。

○五野井郁夫『「デモ」とは何か――変貌する直接民主主義』NHKブックス，2012年。

オキュパイウォールストリートの運動など，近年の抗議行動中心の運動について国内外の事例を紹介したうえで，日本のデモについて歴史的な事例から現代までをたどる。デモとは何かについて基本的な理解を与えてくれる。

○中筋直哉『群衆の居場所――都市騒乱の歴史社会学』新曜社，2005年。

群衆の社会理論を構築しつつ，明治・大正期の日比谷焼き討ち事件，大正政変，米騒動などの都市騒乱を記述しつつ，近代社会の主体形成を論じた先駆的な業績。

○ブリュノ・ラトゥール『社会的なものを組み直す――アクターネットワーク理論入門』（伊藤嘉高訳）法政大学出版局，2019年。

人と人以外を区別しないという理論で世界を席巻する研究者の主著（翻訳）。抗議行動に人以外のもの（広場や建築物，スマホ）が影響を与えるというのはどういうことか，考えさせてくれる。

索　引

事項索引

● さ　行

● た　行

● な　行

● は　行

● ま　行

● や　行

● ら・わ行

人名索引

有斐閣ストゥディア
YUHIKAKU

問いからはじめる社会運動論
Introduction to Social Movement Studies

2020年6月25日　初版第1刷発行

著　者　濱西栄司
　　　　鈴木彩加
　　　　中根多惠
　　　　青木聡子
　　　　小杉亮子

発行者　江草貞治

発行所　株式会社 有斐閣
郵便番号　101-0051
東京都千代田区神田神保町2-17
電話　(03)3264-1315〔編集〕
　　　(03)3265-6811〔営業〕
http://www.yuhikaku.co.jp/

印刷・萩原印刷株式会社／製本・大口製本印刷株式会社

ISBN 978-4-641-15077-5